비욘드 사피엔스

일러두기

- 주요 인명과 특수 용어 등은 처음 한 번에 한해 원어를 병기했다.
- 도서는 《 》, 작품명·신문·영화는 〈 〉로 묶어 표기했다.

인간의 지능을 초월한 AI가 온다

비욘드 사피엔스

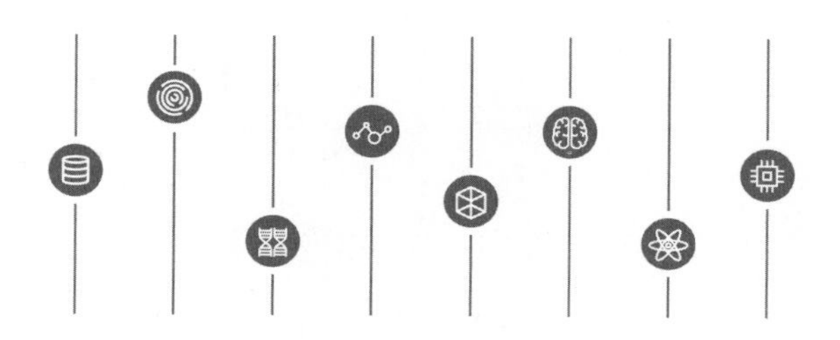

김수형, AI 강국 보고서 팀 지음

매일경제신문사

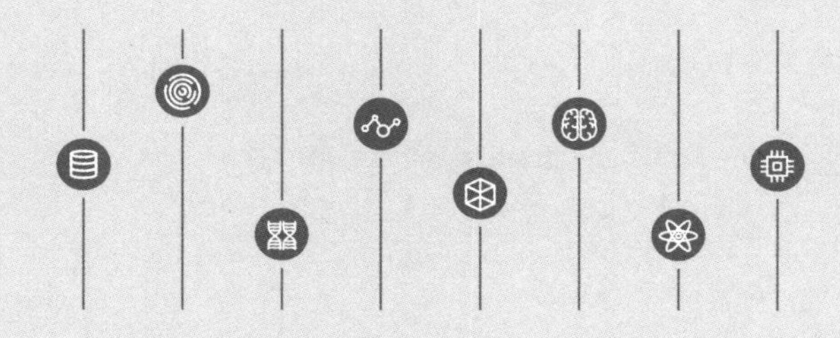

"10년 안에 AI가 보편화될 것이며
국가 간 AI 리더십 경쟁도 10년 안에 결정될 것이다."

인더미트 길(Indermit Gill)
브루킹스 연구소(Brookings Institute) 선임 연구원

Contents

Chapter 3 AI로 국가를 혁신하다

Chapter 4 미래 인류 최대의 적, 감염병을 이기다

Part 2 Beyond Sapiens

Chapter 5 AI 패권전쟁, 누가 주도할 것인가

Chapter 6 AI토피아가 열리다

Chapter 7 한계를 뛰어넘고 새로운 기회를 잡다

Chapter 8 비욘드 사피엔스 시대를 위한 AI 강국의 길

●

머리말
왜 Beyond Sapiens인가?

지금으로부터 400만 년 전, 도구를 사용하는 최초의 생물이 출현했다. 최초의 인류, 오스트랄로피테쿠스가 뾰족하게 만든 돌(뗀석기)을 이용해 사냥한 동물의 고기를 잘라내거나 수확한 열매를 빻기 시작한 것이다. 그 이후로는 다시 길고 지루한 시간이었다. 형태가 조금씩 달라지긴 했지만, 석기의 용도와 사용방법은 수백만 년간 크게 달라지지 않았다.

하지만 35만 년 전, 현생인류인 슬기로운 사람, 즉 호모 사피엔스(Homo Sapiens)가 등장하면서 모든 게 달라졌다. 호모 사피엔스는 불을 자유자재로 다룰 줄 알았으며, 돌에 나무를 달아 돌도끼를 만들었고, 활을 만들었다. 그리고 동굴에서 벗어나 집을 지으며 농사를 시작했다. 3만 년 전 호모 사피엔스의 라이벌이던, 네안데르탈인이 완전히 멸종하면서 완전한 '사피엔스 시대'가 열렸다.

그 이후 1만 년 동안 사피엔스는 눈부시게 발전한다. 석기를 넘어 청동기를, 철기를 사용하기 시작했다. 농경의 시작으로 말미암은 집단생

활은 종교를 발명했고, 종교는 다시 국가를 발명했다. 지혜로운 사피엔스들은 과학을 다뤘고 1차, 2차 그리고 3차 산업혁명까지 성공해냈다.

그러나 사피엔스에 새로운 도전자가 나타났다. 사피엔스에 의해 창조됐지만, 우리보다 더 뛰어난 힘과 지혜를 지닌 AI(Artificial Intelligence)다. 지금껏 사피엔스들이 발전시켜왔던 도구와는 전혀 다른, 스스로 생각하고 움직이는 주체적인 도구다. AI는 도대체 언제 어디서 나타나, 사피엔스 시대의 새로운 주인공이 되려는 것일까.

인간은 오랜 과거부터 '인간을 닮은 생각하는 존재'를 꿈꿔왔다. 일종의 '생각하는 기계'에 대한 상상은 기원전 쓰인 호머의《일리아드》에서도 엿보일 정도다. 이러한 상상에 실체를 부여하고 현실화하려는 노력은 컴퓨터가 등장한 20세기에 이르러 비로소 실체를 갖기 시작했다.

'AI의 아버지'로 불리는 존 매카시(John McCarthy)는 자신이 재직 중이던 다트머스 대학교에서 개최한 회의(Dartmouth Conference)를 앞두고 1955년 8월 31일 작성한 제안서(A Proposal for the Dartmouth Summer Research Project on Artificial Intelligence)에 최초로 'AI(Artificial Intelligence, 인공지능)'라는 용어를 사용했다. 인간처럼 생각하고 추론해 문제를 풀 수 있는 AI를 만들어보려는 시도는 이후 1970년대까지 이어졌지만, 수학 정리를 증명하는 등의 성과 외에 실용적인 내용이 나오지 않으며 지원이 끊기는 '첫 번째 겨울'을 맞이한다.

잠잠하던 AI 연구는 1980년대에 이르러 다시 시작된다. 기존보다 발달한 컴퓨터를 가지고 지식과 정보를 학습시키려는 연구들이 이뤄지며 전문가들이 정해둔 지식을 규칙으로 저장하고 질문에 대답하는 기능을 가진 컴퓨터들이 나온 것이다. 혈액을 검사해 전염성 질환을 진단하는 마이신(MYCIN) 등이 이 시기에 나왔지만, 그 어느 시도도 성공적인 상용화에는 이르지 못하며 결국 '두 번째 겨울'로 이어진다. 방대한 양의 규칙과 데이터를 일일이 관리하지 못해 또다시 실패를 겪은 것이다.

결국 AI 연구의 진척은 뒷받침해줄 수 있는 기술의 진보와 그 궤를 같이하는 모습이다. 1990년대 인터넷의 발달로 방대한 데이터를 수집할 수 있는 길이 열리면서 본격적인 연구가 다시 시작되었다. 방대한 데이터가 쌓이며 AI를 학습시킬 방법이 다양해졌다. 데이터가 쌓이는 속도가 빨라질수록 AI의 발전 역시 점점 빨라졌다. 2020년대에 들어선 오늘날 AI는 자연어처리, 음성인식, 빅데이터 등 세부적인 분야로 나뉘어 인간의 삶을 더욱 편안하고 풍요롭게 만들어주고 있다.

그 정의 또한 다양하다. 예컨대 최근에는 AI를 그 지적 수준에 따라 분류하는 경우도 많다. 특정 목적에 최적화된 알고리즘을 가지고 해당 분야의 일만 처리할 수 있는 AI를 약한 AI(Weak AI) 또는 좁은 AI(Narrow AI)로 부르고, 인간처럼 학습할 수 있는 AI를 강한 AI(Strong AI), 인간을 뛰어넘는 AI(Super AI)로 나누는 식이다.

물론 지나친 네이밍과 마케팅으로 AI의 능력과 활용이 과대 포장되는 사례도 우려되고 있지만 그렇다고 해서 '세 번째 겨울'까지는 찾아오지 않을 것이라는 예측이 지배적이다. 미국과 중국을 비롯한 각국 정부

표 1 인공지능에 대한 다양한 정의들[1]

구분	정의
존 매카시 (1956)	- 지능적인 기계를 만드는 과학 및 엔지니어링
마쓰오 유타카 (2015)	- 인간의 인지·추론·학습 능력 등을 컴퓨터로 모방하는 기술
ETRI (2017)	- 컴퓨터가 인간 수준의 인지, 이해, 추론, 학습 등의 사고 능력을 모방하는 기술
PwC (2017)	- 광범위한 정의에서 AI는 환경을 감지하고 생각하고 배우며 감지하는 대상과 목표에 대한 조치를 취할 수 있는 컴퓨터 시스템을 총칭
Gartner (2018)	- 사람과 자연스러운 대화를 나누고, 인간의 인지 능력을 향상하거나, 반복적인 작업 수행 시 사람들을 대체함으로써 인간을 모방하는 기술
과학기술정보통신부 (2018)	- 인지, 학습 등 인간의 지적 능력(지능)의 일부 또는 전체를 컴퓨터를 이용해 구현하는 지능
관계부처 합동 (2019)	- 인간의 지적 능력을 컴퓨터로 구현하는 과학기술 ①상황을 인지 ②이성적·논리적으로 판단·행동 ③감성적·창의적인 기능을 수행

가 다투어 육성정책을 내놓고 있고, 기업들 역시 투자를 늘리는 추세가 이어지고 있다. AI가 인류의 역사를 바꾸고 새로운 시대를 열어줄 수 있는 '게임 체인저'가 될 것이라는 기대감이 높아지고 있다.

이에 MBN 보고대회팀은 앞으로 AI가 일으킬 변화를 Beyond Sapiens로 규정하고 AI가 어떻게 인류의 삶을 변화시키고 있으며 미래에 어떤 변화와 혁신을 가져올지 예측해보고자 한다. AI가 불러오는 변화 방식은 DEEP Change로 설명할 수 있다. 즉, AI는 현재 인류의 문제가 무엇인지 발견하고(Discover), 그 원인을 설명하며(Explain), 극복 방안을 찾고(Enable), 다가올 새 미래를 예측해준다(Predict). 이처럼 AI는 Deep Change를 이끌어갈 Invisible Changer로 포스트 사피엔스 시대에 과거 인간이 했던 단순 노동의 업무를 대체하고 인간의 모든 업무 영역을 더 빠르고 정확한 방식으로 혁신하고 있다. 또한 인간의 고유 영역이라고 여겨졌던 문화 예술 영역에서도 새로운 AI Creativity를 통해 창조적인 역할까지 수행해낼 것이다.

이 시점이 된다면 AI는 기존 인류, 사피엔스를 넘어서는 일종의 '초인 AI'로 진화한다고 해도 과언이 아니다. 수많은 데이터를 누구보다 빠르게, 쉬지 않고 학습해 인간과 비교할 수 없는 경쟁력을 갖춘 초인 AI는 3S(Speed, Study, Strength)라는 특징을 가지고 우리의 삶 속에서 결코 피할 수 없는 존재가 될 것이다.

예컨대 국방의 측면에서 볼 때 조종사를 수년에 걸쳐 훈련해 공군력을 강화하는 방안은 앞으로 효율성이 떨어지는 일이 될 것으로 보인다. 미국 공군은 최고 전투기 조종사에게 '에이스'라는 칭호를 주는데, 이제 이 칭호도 AI에게 넘겨줄 날이 머지않은 것이다. 이미 미국 국방부 산하 방위고등연구계획국(DARPA)이 지난 2020년 8월 실시한 모의 전투에서는 AI가 베테랑 조종사에게 5대0 완승을 거두기도 했다. 이 AI는 1년 동안 40억 번의 모의 전투를 학습했는데, 사람으로 치면 12년 치 비행시간을 1년 만에 수행한 것이나 마찬가지였다.

물론 당장 AI에게 패배한 인간의 마음이 아플 수는 있다. 하지만 장기적으로 AI가 주는 도움이 훨씬 클 수 있다는 것이 MBN 보고대회팀의 판단이다. 초인 AI는 인간의 한계와 문제점들을 해결하고, 유용한 서비스를 제공하며, 나아가 인간의 자아실현까지 도와줄 수 있을 것으로 기대된다.

따라서 그런 초인 AI를 만들어내기 위한 투자는 미래 기업과 국가 경쟁력을 결정짓는 핵심 요소가 될 것이다. 미국의 대형 민간 정책연구소인 브루킹스 연구소(Brookings Institute)는 앞으로 10년 안에 AI 리더십을 쟁취한 국가가 2100년까지 세계 AI 시장을 주도할 것으로 전망했다. 브루킹스 연구소의 인더미트 길(Indermit Gill) 선임 연구위원은 보고서에서 10년 안에 AI가 보편화될 것이며 국가 간 AI 리더십 경쟁도 결정될 것으로 예상했다.[2] 이제는 AI 패권 경쟁 시대에 돌입한 것이다. 이에 MBN 보고대회팀은 앞으로 AI가 가져올 새 인류 시대를 전망하고 변화의 새 시대에 맞춰 대한민국이 AI 경쟁력을 갖추고 AI 강국으로 변화를 주도해나갈 수 있는 길을 제시하고자 한다.

우선 Chapter 1에서는 AI의 발전으로 바뀌고 있는 각종 산업을 조명한다. 기업 경영뿐만 아니라 농업, 물류, 제조업, 금융 등 다양한 산업에 적용된 AI 기술들을 살펴본다. 또한 도입이 어려울 것으로 예상됐던 법률 등 전문업 시장에서도 자리를 잡아가는 AI 사례를 소개한다.

Chapter 2는 AI가 바꾸는 일상을 다룬다. AI의 발전으로 가능해진 언택트 소비와 홈코노미, 헬스케어가 가장 먼저 소개된다. 또 자율주행 자동차, AI스피커, AI 번역기 등 이제 막 시작된 우리 일상 속 AI의 모습도 조망한다.

Chapter 3은 AI를 도입하고 있는 국가의 모습이다. 이제 많은 국가가 공공 행정에 AI를 도입하고 정책 의사 결정 과정에 AI를 이용하고 있다. 치안과 안보, 교통, 교육 등 다양한 분야에서 활약하는 공공AI를 만나볼 수 있다.

Chapter 4는 감염병 전선에서 싸우고 있는 AI가 주인공이다. 2020년 터진 코로나19 사태는 많은 것을 바꾸어 놓았고, AI의 기술 역시 코로나19 사태를 계기로 더욱 빠르게 발전하고 있다. 대규모 감염병 사태에서 AI가 어떤 활약을 하는 지 자세히 살펴보겠다.

Chapter 5에서는 이제 막을 올린 글로벌 AI 경쟁을 집중 조명한다. 미국과 중국, 유럽 등 AI선진국들의 경쟁 상황을 진단한다. 또 이제 세계에서 가장 강력한 기업이 된 글로벌 IT 기업들의 AI 경쟁도 살펴보겠다.

Chapter 6은 Beyond Sapines 시대가 꽃 피운 2100년을 예상해본 파트다. 각종 산업과 사회가 AI로 말미암아 어떻게 변화하는지 MBN 보고대회팀이 내다봤다. AI의 시대는 마냥 행복한 시대일까. 이 장에서 자세히 다뤄본다.

Chapter 7에서는 AI의 발전으로 일어날 수 있는 각종 부작용을 경고하고 이를 극복할 방안을 제시했다. 물론 AI는 편리한 도구이지만, 가치가 배제된 과학이기에 이를 이용하는 인간의 윤리의식이 그 어느 때보다도 중요하다. 이런 측면에서 Beyond Sapiens 시대를 맞이하는 우리가 실천해야 할 것들을 다룬다.

마지막 Chapter8은 MBN 보고대회팀이 대한민국에 제시하는 숙제다. Beyond Sapiens 시대가 점점 다가오는 지금 우리 대한민국은 어디쯤 서 있는 것일까. 새로운 시대의 주인공이 되기 위해 우리가 해야 하는 일은 무엇일까. 우리 모두가 명심해야 하는 여러 제언을 준비했다.

Sapiens

Chapter 1

부의 판도가 바뀌다

Sapiens 시대에 AI가 가장 혁신적으로 변화시키고 있는 분야는 단연 비즈니스이다. AI 기술은 특정 영역에만 적용되는 것이 아니라 모든 비즈니스 영역의 기반이 될 수 있으며, 따라서 전 분야에 혁신을 가져올 수 있는 잠재력을 가지고 있다. 이미 우리가 사는 Sapiens 시대의 부는 누가 더 AI를 창의적으로, 빠르게 적용하느냐에 따라 달라지고 있다. 부를 창출하는 핵심 기반 기술로 자리 잡고 있는 것이다. Beyond Sapiens 시대에는 이 같은 AI의 격차가 고스란히 부의 격차로 이어질 것이다. 우리는 현재 Sapiens 시대에서 AI가 어떻게 부를 창출하는지 확인해보자. 미래 Beyond Sapiens 시대에 AI와 함께 새로운 부를 이룰 수 있다.

1
물류의 생태계를 변화시키다

AI는 물류의 생태계도 변화시키고 있다. AI를 토대로 한 스마트 물류 경쟁이 본격화됐기 때문이다. 데이터를 토대로 가장 합리적인 방안을 추론해내는 AI는 빠르고 정확함을 생명으로 하는 물류 업계 전반에 혁신적인 변화를 불러오고 있다. 레이 슈(Lei Xu) JD리테일 CEO는 세계경제포럼(WEF) 기고에서 "과거 석탄이나 수력발전처럼 미래 경제를 움직이기 위해 스마트 물류와 스마트 공급망이 없어서는 안 될 존재가 되고 있다"고 말했다. e-커머스 시장 경쟁이 치열해지는 가운데 AI를 활용해 물류를 얼마나 효과적이고 효율적으로, 또 유기적인 방식으로 재편하느냐가 Sapiens 시대 물류업계의 생존 기준이 되고 있다.

스마트 물류에서 AI의 핵심 역할은 기계학습을 활용해 매출액과 판매량을 정확히 예측하는 것이다. 이렇게 되면 필요한 재고량만 입고해도 되며 이는 빠른 배송을 가능하게 한다. 최근 AI로 효율적인 물류 방식을 택한 스타트업들이 주목받고 있다. 재고 부담에 비교적 자유로워 판매량 예측에 큰 의미를 두지 않았던 국내 대형 유통업체들도 빠른 배송과 효율적인 물류 자원 사용을 위해 적극 AI를 도입하고 있다. 물류 계획 수립에서부터 AI를 활용하는 것이다.

구체적인 물류 업계 변화를 살펴보면 삼성SDS는 센서를 이용하여 주문내역에 따라 박스를 분리하고, CJ대한통운은 사물인터넷(IoT)과 센서를 이용하여 물류 흐름을 실시간으로 체크한다. 여기에 AI가 배송지 데이터를 분석하여 최적화된 분류 트랙을 제시하며 물류센터 설비 최적화 방안도 분석하고 있다. AI가 혼잡도를 파악하여 트럭 및 컨테이너 적재 순서 및 방법을 안내하는 것이다.

자율주행도 스마트 물류의 핵심 요소 중 하나다. KT는 서부물류센터의 단말기 입출고 작업에 5G 이동통신 기반 자율주행 운반 카트를 도입해 작업자의 이동 거리가 47% 감소하고 작업자 간 접촉도 최소화하는 효과를 거뒀다. 분류부터 배송까지 AI가 전반에 걸쳐 최적의 방안을 제안하면서 물류업계를 빠르고 정확하게 혁신해나가고 있다.

AI를 토대로 한 스마트 물류 혁신은 단순히 물류업계의 업무 효율성을 대폭 확대하는 것뿐 아니라 향후 도시 구성에도 변화를 가져올 수 있다. AI로 수요 예측이 정교해지면 지금과 같이 도심 외곽에 많은 대형 물류센터가 필요하지 않다. 정확히 필요한 물량만큼만 유통해도 되기 때문이다. 대신 도심지 내에 소형화된 물류센터가 새롭게 탄생할 수 있다. 소형화된 물류센터를 토대로 누가 고객에게 좀 더 쉽고 빠른 배송이 가능해지느냐가 Sapiens 시대는 물론 Beyond Sapiens 시대까지 물류업계 생존 경쟁의 핵심 과제가 될 것이다.

2
제조업의 새로운 패러다임을 만들다

AI는 제조업의 패러다임을 바꾸고 있다. 제조업 위기의 시대에 전통적인 제조업의 자동화 방식으로는 더 이상 경쟁력을 찾을 수 없기 때문이다. AI가 Sapiens를 뛰어넘는 가장 명확한 영역은 무엇일까?

사회적, 윤리적 맥락까지 고려해야 하는 복잡한 상황에서 AI가 인간의 유연한 판단을 따라오지 못할 수 있다. 하지만 단순히 정확성만 있으면 되는 명료한 계산과 판단이 필요한 상황에서 인간은 AI의 정확성을 뛰어넘을 수 없다. 300개의 구슬을 빨간색과 파란색으로 분류하는 작업을 AI가 인간보다 잘하는 것은 명백한 사실이다. 바로 이 AI의 강점을 극대화할 수 있는 영역이 제조다. 불량품 선별 작업만 봐도 사람이 했던 것과 비교할 수 없을 정도로 AI가 높은 정확도를 보이며 혁신해나가고 있다. '스마트 팩토리(Smart Factory)'의 시대로 패러다임이 바뀌고 있는 것이다.

국내 기업 중 포스코는 철강업체 중 세계 최초로 생산공정 과정에 AI를 도입, 스마트 인더스트리 플랫폼 '포스프레임(Pos Frame)'을 확대하며 주목받고 있다. AI 제철소를 모토로 삼아 생산계획부터 출하까지 전 공정 과정에 AI를 활용해 생산성을 크게 향상하는 등 철강업계 혁신을 주도하고 있다. 포스프레임은 원료를 녹이는 거대한 가마솥 격인 고로 관리부터 AI 시스템을 적용해 정확한 고로 상태를 진단하고 의사결정을 내린다. 고로에서 나온 쇳물을 담는 통인 레이들도 AI가 관리하는데 1,600도가 넘는 쇳물 온도를 유지하기 위해 IoT센서와 AI가 실시간으로 레이들의 온도를 체크하고 있다.

포스프레임은 원료 재고 관리에서도 획기적인 변화를 가져왔다. 과거에는 여의도 면적의 3분의 1에 달하는 넓은 원료 야드에서 재고를 측정할 때 1시간 20분이, 분석할 때 4시간이 소요됐다. 하지만 드론을 도입해 측정은 20분으로 줄이고 분석은 자체 개발한 알고리즘을 활용해 1시간으로 크게 단축했다. 벽돌 형태의 쇳물을 초대형 롤러로 평평하게 펴는 압연 공정이나 판을 절단하는 과정까지 AI가 데이터를 학습해 판단하는 방식으로 결점 발생을 최소화하고 있다. 특히 판을 절단할 때 온도와 재질에 따라 날 간격이 달라지는데 AI가 비정형 영상데이터를 분석하여 최적의 날 간격을 조절하는 혁신적 변화가 일어나고 있다.

AI는 정비 과정에서도 적극적으로 활용되고 있다. AI는 단순히 현재의 데이터를 분석하는 데 그치는 것이 아니라 그 분석을 토대로 합리적인 예측도 가능하다. 이를 정비에 적용하면 결함이 생긴 뒤에 고치는 것이 아니라 문제를 예측하고 미리 선제적으로 예방 조치가 가능해지는 것이다. 대한항공은 AI를 이용해 항공기 운항 화수와 거리 데이터를 분석해 항공기 고장률을 예측한다. 특히 항공업의 경우 기체의 작은 결함 하나가 한 기업이 아니라 업계 전체에까지 큰 타격을 입힐 수 있다는 점에서 AI를 활용한 예측 정비가 더 확대될 것으로 보인다.

과거에는 제조 공정에서 수집된 데이터를 관리자가 판단해 생산량을 결정하거나 불량 제품을 진단해왔다. 하지만 이제 그 관리자의 영역을 AI가 대체하고 있다. AI가 제조에 필요한 주요 의사 결정 과정을 과거 데이터를 토대로 추론해 판단하고 있으며 재고 데이터 분석과 인적 자원 배분 등 공정 전 과정을 최적화하고 있다. 과거 컨베이어 벨트가 대량 생산의 시대를 열었던 것처럼 이제는 AI가 새로운 대량 생산의 시대를 열 것이다. 기존 인프라에서 생산성을 향상하려는 업체는 도태될 것이고 AI를 기반으로 새로운 인프라를 만들려는 과감성이 부를 창출해 낼 것이다.

3
금융의 디지털 전환을 이끌다

2020년 코로나19로 인한 팬데믹은 금융의 디지털 전환을 가속화시켰다. 그 핵심 기반에 바로 AI가 있다. 지금 우리가 알고 있는 오프라인 은행의 시대는 수십 년 뒤 급격히 축소되거나 사라질 수 있다. 특히 팬데믹은 과거 비대면 거래에 익숙하지 않았던 전 세계 고객들에게 인터넷·모바일 뱅킹을 경험하게 했다. 이는 많은 사람으로 하여금 비대면 금융 거래의 거부감을 현격히 낮추었다. 즉 AI를 활용한 금융 서비스가 연착륙할 수 있는 환경이 조성된 것이다. 이 같은 변화는 기존에 시장을 주도하고 있던 전통적 금융업계가 AI를 내세운 IT 업계에 의해 역전될 수 있음을 보여준다.

금융업에서 AI가 일으키는 변화는 우선 업무의 효율성이라고 할 수 있다. AI 챗봇이 기존 은행원이 하던 업무를 대신하면서 같은 인력으로 보다 많은 금융 업무를 처리할 수 있기 때문이다. 이미 단순한 고객 응대는 사람이 아닌 AI 챗봇으로 대체하려는 시도가 확산하고 있다. 언제 어디서든 24시간 금융 서비스가 가능해진다는 점에서 AI는 금융 서비스 업무의 시공간 제약을 뛰어넘는다.

보험업계 역시 전통적인 대면 처리 업무에 AI를 활용하고 있다. 전화로 응대하는 AI 로보텔러(Robo-teller)가 24시간 가입 상담은 물론 계약 체결까지 대체, 보험금 지급 여부를 심사하는 업무도 사람이 아니라 AI가 실시간 심사하는 시스템이 도입되고 있는 것이다.

가장 획기적인 변화는 이 같은 업무 방식의 변화가 아니라 AI를 활용해 고객에게 맞춤형 금융 서비스를 제공할 수 있다는 점이다. 이미 국내 은행에서도 다양한 형태의 AI가 도입됐다. 대표적인 AI는 로봇(Robot)과 투자전문가(Advisor)의 합성어인 '로보어드바이저(Robo-Advisor)'로 온라인 자산관리 서비스를 일컫는다.

우리은행의 로보어드바이저 '우리 로보-알파 앱'은 고객별 정보와 성향에 적합한 최적의 자산 배분 포트폴리오를 제공하고 있다.[3] KB국민은행은 로보어드바이저가 머신러닝으로 장세 분석, 유망 투자자산을 선정하며, KEB하나은행은 로보어드바이저가 포트폴리오 관리와 연금자산 진단, 은퇴 설계 등을 돕고 있다. 모바일로 거래가 이뤄지는 카카오뱅크도 빅데이터를 활용하여 AI가 탑재된 로보어드바이저로 개인에 맞는 투자자문사를 안내하며 자문하고 있다.

과거에는 사람들이 집이나 직장에서 가까운 은행을 찾았다면 이제는 더 안전하고 간편하게 비대면 업무 프로세스를 제공할 수 있는 디지털 친화적인 업체를 찾고 있다. 과거에는 상담원이 고객과 직접 상담을 통해 적합한 서비스를 탐색하고 제공했다면 이제는 AI가 금융에서 개인의 니즈를 반영한 맞춤형 서비스를 제공하고 있다. 따라서 금융 서비스의 경쟁력은 더욱 정확도를 높여 맞춤형 서비스를 제공하기 위한 빅데이터 수집과 활용에 달려있다고 할 수 있다. 혁신적인 디지털 전환 속에 AI를 얼마나 잘 수용하는지에 따라 금융업계도 재편될 것이다.

4
어그테크 새로운 길을 열다

AI는 산업 구조 자체를 변화시키고 있다. 1차 산업으로 분류됐던 농업 분야에 AI가 적용되면서 새로운 부를 창출하는 신시장으로 다시 떠오르고 있다. 클라우드와 AI 기술 확산에 따라 식량 산업에서 어그테크(Ag Tech) 기업이 증가하며 농업 혁신이 일어나고 있기 때문이다. 어그테크란 농업(Agriculture)과 기술(Technology)의 합성어로 농업에 최신 기술을 접목하는 것을 뜻한다.

2020년 2월 기준으로 아마존웹서비스(AWS), 마이크로소프트 애저(MSAzure) 등 클라우드를 활용한 50개 이상의 AI 스타트업이 이미 어그테크 분야에 진출했다. 특히 클라우드에서 학습시킨 AI를 활용해 생산성에 획기적인 변화를 일으키고 있다.[4]

스타트업 OneSoil은 아마존웹서비스를 통해 농경지 위성사진, 기후, 토양 수분 및 영양도, 식물 성장 상태 등의 데이터를 수집·처리한 후 AI를 학습시켜 170개 국가 13만 농가에 서비스를 제공한다. 농민들은 이러한 무료 앱으로 병충해 발생, 비료·농약 투입량, 파종 및 수확 시기에 대한 정보를 취득할 수 있다.

또한 아쿠아바이트(Aquabyte)는 아마존웹서비스에서 제공하는 AI 개발 도구로 수중 센서가 수집한 양식 고기의 상태, 수질·수온 등의 데이터로 AI를 학습시켜 양식장에 지능형 서비스를 제공한다. 이를 통해 노르웨이의 연어 양식 기업들은 수중 연어의 상태를 실시간으로 확인하고 사료 급여량, 해충 발생 여부, 출하 시기 등을 추천받아 양식장 운영에 활용한다.

AI 기술이 발전함에 따라 최근에는 식품 선별 가공 등 고숙련 노동자가 수행하던 가치사슬 중반부의 업무를 AI가 대체하는 사례도 증가하고 있다.

BBC 테크는 크기, 색상, 형태 등을 기준으로 1초에 약 2,400개의 블루베리를 선별할 수 있는 선별기를 개발했다. 수십만 장의 블루베리 사진을 학습한 AI가 블루베리의 품종, 계절에 따른 색상의 차이, 벌레에 의한 작은 손상까지 고려하여 등급을 구분한다. 유통기한이 짧거나 상품성이 낮은 블루베리는 즉시 가공하고 상품성이 높은 제품은 냉장 포장하여 높은 가격에 수출한다.

이처럼 어그테크 시장은 2019년 9억 3,000만 달러에서 2024년 24억 9,000만 달러로 급성장할 전망이다. 식량 산업 분야에서 AI 솔루션을 확대해나가면서 산업의 생산성은 높아질 것이다. 종사자의 경험 지식과 데이터 과학을 결합한 기술 업체와 전문 인력의 수요 역시 늘어날 것으로 예상된다. 특히 2050년이 되면 세계 식량 수요가 현 수준의 2배까지 증가할 것이란 전망이 나온다. 인류의 난제로 식량 위기가 꼽히는 가운데 AI는 1차 산업으로 분류됐던 농업에 새로운 가치를 부여해 성장 가능성이 높은 산업으로 변화를 일으키고 있다.

5
AI, 법률 서비스에 도전하다

AI는 전문 영역으로 불리는 법률 서비스에도 도전장을 내밀었다. AI가 법조인의 역할을 대신하는 것이다. 과거 법률의 경우 천편일률적으로 계산하듯이 할 수 없으며 여러 맥락을 고려해야 하는 인간 고유의 영역으로 인식되었다. 하지만 단순한 법적 처리나 조언을 시작으로 AI가 점점 영역을 확장해나가고 있다. AI 법조인에 대해서는 아직 사회적 합의가 필요하기 때문에 챗봇 서비스를 중심으로 도전하고 있다.

대표적인 경우가 바로 영국 최초의 로봇 변호사 챗봇인 'Do not pay'다. 경제적인 이유로 변호사를 고용하기 힘든 사람들을 위해 간단한 신청 서류 작성, 소송제기 등을 도와주는 챗봇 서비스다. 스탠퍼드의 대학생이었던 조슈아 브라우더(Joshua Browder)는 주차 위반 딱지가 너무 많이 쌓이자 자신을 대신해 관련 업무를 처리해줄 AI 변호사 앱을 개발하면서 Do not pay를 시작했다.[5] 주차 위반 분쟁에 대한 법률적 자문에서 시작해 현재 보증금 회수 신청, 출산 휴가 신청 등 영역을 확대해나가고 있다.

우리나라 법무부도 인공지능 기반 법률비서인 '버비'를 선보였다. 국민들이 언제 어디서든 스마트폰, PC를 이용하여 생활법률 관련 궁금증을 해소할 수 있도록 인공지능 기반의 생활법률 챗봇 서비스를 제공하는 것이다. 기존에도 법무부는 생활법률, 판례 등 국민에게 유익한 다양한 법률 자료를 가지고 있었지만, 대부분이 텍스트 중심의 콘텐츠로 되어 있어 대국민 활용도를 높이기 위해 버비가 탄생했다. 주택·상가 임대차, 임금, 해고 분야에 관한 법령, 전문 변호사의 판례, 상담 사례 등 관련 빅데이터를 학습시켜 사용자와 실시간 대화로 지식 전달이 가능해졌다.

현재 법률 분야에 상용화된 AI는 대부분 복잡한 법률적 판단보다 단순한 법률 서비스 업무를 대체하는 수단에 불과하다. 하지만 향후 고도화된 기술이 상용화되면 복잡한 재판과 법률 업무에도 AI의 역할이 확대될 것으로 보인다. 법률 분야에서 AI는 아직 도전자지만 법률시장의 고비용성을 해결하여 새로운 변화를 가져올 수 있는 잠재력을 가지고 있다.

6
데이터 기반 맞춤형 서비스의 시대

AI가 가져올 비즈니스 혁신은 첫 번째로 업무의 효율성을 증대시키는 것이고, 두 번째로는 데이터를 기반으로 고객 맞춤형 서비스를 제공하는 것이라 할 수 있다. 데이터 분석을 통해 사용자에게 최적화된 맞춤형 서비스를 제공하는 타깃 마케팅은 전분야로 확대되고 있다.

모터사이클 기업인 할리 데이비드슨(Harley-Davidson)은 '알버트(Albert)'라는 AI 마케팅 플랫폼을 마케팅에 활용하여 잠재고객을 약 2,900%가량 늘렸다. AI가 할리 데이비드슨의 고객관리 데이터로부터 과거 우량 고객의 특징을 정의하고, 이와 비슷한 패턴을 보이는 고객들을 찾아내 그룹화한 뒤 이들을 대상으로 캠페인을 실시한 것이다. 특히 고객별로 구매 후보군에 있는 독특한 모터사이클 콘셉트를 실어 홍보했다.

쇼핑부터 여행까지 다양한 소비 분야에 걸쳐 고객 서비스에 AI를 활용하려는 기업이 늘고 있다. 이에 따라 소비의 형태도 AI를 중심으로 새롭게 달라지고 있다. 기존에는 어떤 물건을 살지 모두 스스로 직접 찾아 비교하고 판단해야 했지만 이제는 AI가 도입돼 우리 판단을 대체해 주고 있다. 소비 시간이 훨씬 더 짧고 효율적으로 바뀌는 것이다. 거기에다가 소비자 자신도 인지하지 못하는 수요를 AI가 추천해주면서 새로운 소비를 촉진하고 있다.

이미 AI를 기반으로 한 온라인 쇼핑은 우리의 일상으로 자리 잡았다. 기존 대형 백화점들도 AI를 활용해 고객의 구매 패턴, 선호브랜드, 구매 금액 등 고객의 취향을 분석하고 제품을 추천해주고 있다. 이를 신제품 개발에 활용하기도 한다. 롯데제과의 경우 제과 및 음료 사업에서 해외 시장정보, 블로그·페이스북 후기 등을 실시간으로 수집 및 분석해 최근 트렌드를 분석하고 신제품 개발에 응용하고 있다. 네이버 AI 기반 '코나'는 사용자가 입력한 검색어와 네이버 서비스 사용기록 및 이용콘텐츠를 분석하여 사용자의 관심을 파악하고 이를 기반으로 여행지와 경로를 추천하기도 한다.

AI를 활용한 타깃 마케팅이 점점 더 정밀해지면서 매출 상승으로 이어질 가능성도 커지고 있다. 따라서 가장 중요한 것은 데이터를 확보하는 것이다. 최근에는 고객들의 정보를 구매하는 비즈니스도 주목받고 있다. 모바일 설문조사 앱 '오베이(Ovey)'는 가입회원이 설문조사에 응답하면 그 대가로 사이버 머니, 외식상품권, 또는 현금으로 환급받을 수 있는 포인트를 제공하고 있다. 이렇게 확보한 설문조사 데이터를 정리하여 정보를 필요로 하는 기업 고객에게 판매하는 것이다. 이용자는 간단한 설문조사 참여만으로 확실한 보상을 받을 수 있고, 기업은 개별적으로 수천만 원을 들여 설문조사를 진행하는 대신 저렴하게 좋은 데이터를 얻는 구조가 만들어지고 있다.

데이터 정보를 얻기 위한 타 산업과의 연계도 활발히 이루어지고 있다. 보험회사인 동부화재는 SK텔레콤의 내비게이션을 켜고 일정거리를 주행한 후 부여되는 안전운전 점수에 따라 보험료를 할인해주는 상품을 판매하고 있다. 특히 한국은 스마트폰 보급률이 높다는 점에서 통신사와 연계를 통한 상품 개발은 더욱 매력적인 비즈니스 영역이라고 할 수 있다.

이처럼 고객을 직접 대상으로 하는 B2C 영역에서는 AI를 활용해 고객의 실제 구매까지 이어지게 하는 마케팅 전략이 성공 기반이 되고 있다. 인간보다도 더 빠르고 높은 확률로 실제 구매를 이끌어낼 수 있는 새로운 마케팅 전략가가 나타난 것이다. 이 전략가의 성공률을 높이기 위한 핵심 자원이 데이터다. 누가 얼마나 더 많은 데이터를 확보하고 AI를 토대로 얼마나 폭넓게 좌우하느냐가 Sapiens 시대의 부를 결정짓는 기준점이 되고 있다.

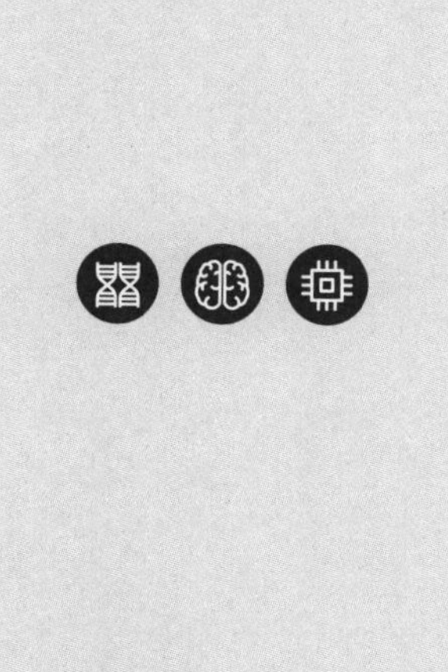

Sapiens

Chapter 2

인류 문명에 지각변동을 일으키다

AI는 개인의 일상 영역 곳곳에도 변화를 일으키고 있다. AI가 일으킨 비즈니스의 혁신이 개인의 삶에도 큰 변화로 이어지고 있기 때문이다. 특히 비즈니스 혁신은 인간의 삶에서 큰 영역을 차지하는 소비문화 자체를 바꾸고 있다. 소비문화의 변화는 곧 라이프 스타일의 전체 변화로 이어지게 된다. 또한 AI가 인간의 한계를 극복해나가면서 개인의 삶에도 새로운 가능성이 등장하고 있다. 의료 혁신, 교통 혁신, 나아가 언어의 장벽까지 허물면서 Sapiens 시대의 인간은 새로운 Beyond Sapiens 시대로 변화해나가고 있다. 그리고 AI는 인간의 동반자 역할까지 하며 단순한 기술의 정의를 뛰어넘고 있다.

7
홈코노미와
언택트 소비의 시대

코로나19로 집에서 주요 소비생활이 이뤄지는 이른바 홈코노미(Homeconomy)가 폭발적인 성장을 기록했다. 단순히 옷이나 물건을 사는 온라인 쇼핑뿐만이 아니라 외식 소비까지 집에서 이루어지는 것이다. 홈코노미는 일시적인 현상이 아니라 Sapiens 시대에 새로운 형태로 자리를 잡고 있다. 팬데믹을 계기로 홈코노미의 편리함을 인식한 개인들이 점점 더 홈코노미 기반의 서비스 이용에 익숙해지고 있기 때문이다. 그리고 그 기반을 만들어가고 있는 것이 바로 AI라고 할 수 있다.

홈코노미의 핵심 중 하나는 바로 배달 서비스다. 국내 대표적인 배달 서비스 업체인 배달의 민족은 AI를 이용하여 가짜 리뷰의 70% 이상을 실시간으로 걸러내는 동시에 비슷한 주문 고객들의 데이터를 분석해 음식 및 식당을 추천하는 데에도 AI 기술을 적용했다. AI 추천 배차는 인공지능이 배달원의 동선, 주문 음식의 특성 등을 고려해 가장 적임자인 라이더·커넥터를 자동으로 배정하는 매커니즘이다.[6]

우버의 'Uber EATS'는 음식점 검색, 주문, 음식 준비, 배달, 사후관리까지 전체 고객 경험 관리 프로세스 전반에 오픈소스를 활용하고 있다.[7] 배달시간 예측, 음식점 랭킹, 검색 자동 완성 등 주요 AI 서비스를 구현했고 AI 개발 전체 단계에 필요한 요소 기술에 공개된 프로그램인 오픈소스를 활용하여 자체 구축했다. 이제는 집에서도 외식을 소비하는 새로운 일상 변화가 나타나는 것이다.

오프라인에서도 언택트(Untact) 소비는 이제 일상화된 소비행태로 자리 잡았다. 그리고 그 기반에는 AI가 있다. 이미 오프라인에서는 직원과 대면하지 않는 이른바 언택트 리테일(Untact Retail) 매장이 확대되고 있다. 아마존은 대기 줄, 지불 과정, 점원이 없는 슈퍼마켓인 'Amazon go'를 운영하고 있다. 중국 PC 업체 레노버(Lenovo)도 인공지능 무인매장을 개장해 얼굴 인식만으로 구매부터 결제까지 모든 과정이 가능한 서비스를 선보였다.

국내에서도 이 같은 무인형 편의점이 속속 등장하고 있다. 출입 시 QR코드를 통해 개인을 식별하고 딥러닝 스마트 카메라가 고객의 행동을 식별하며 무게 감지 센서가 재고를 파악한다. 이마트는 '휴머노이드 로봇'을 도입해 고객의 얼굴을 보고, 나이 및 성별을 파악하여 적합한 상품을 추천해주고, 매장을 안내하는 서비스를 도입했다. 고객 인사를 맡은 영상 인식 스피커부터 결제까지 AI가 기반에 깔려있다. 이처럼 인간 대신 AI로 대체하는 오프라인 매장은 점점 늘어날 것이다. 이제 우리는 점원이 아니라 AI와 인사하고 대화하는 새로운 생활에 적응해나가게 될 것이다.

8
고령화 시대 건강을 책임지다

의료와 헬스케어 분야는 현재 AI가 가장 주목받는 분야라 해도 과언이 아니다. 특히 인구 고령화로 인해 한정된 의료 인력 속에 헬스케어의 중요성이 증대되면서 의료 전문가 양성과 교육뿐 아니라 효율적인 의료 서비스 제공을 위해서 AI가 적극적으로 활용되고 있다. 기존에는 의료진 판단에 의존해야 했지만 이제는 데이터를 종합·분석하여 발병률을 진단하고 적합한 치료 및 수술법을 제안하기에 이른 것이다.

AI는 영상자료나 투약 및 수술 기록, 유전 정보, 과거 사례 데이터 등을 종합적으로 분석하여 개인별 치료방법을 제안하고 의료진의 진단을 보조하는 역할을 한다. 또한 개인의 신체 상태, 식습관, 생활패턴 정보를 실시간으로 수집하고 개인의 건강관리 정보를 제공하는데도 AI가 활용되고 있다. 특히 고령자를 대상으로 발병확률 및 위험상황을 알리는 건강관리에서 AI가 핵심적 역할을 수행하고 있다. 이를 통해 질병의 진단 속도를 높이고 효율적으로 자원을 할당해 환자 케어를 보다 빠르게 할 수 있다.

또한 제약 부문에서는 임상실험 결과를 예측해 최적 후보군을 제공하고 발병 위험 알림 등 맞춤형 헬스케어 서비스를 실시간으로 제공할 수 있다. 수백만 종류의 화학물질 중 최적 물질을 탐색하고, 신약 후보 물질이 어떤 작용을 일으킬 것인지 시뮬레이션을 통해 임상시험 결과를 예측함으로써 신약 개발에 속도를 내는 것이다. 질병과 관련된 막대한 양의 연구자료와 데이터를 AI가 학습하면서 신약 후보 물질을 탐색하는 데 활용하고 있다.

IBM은 손이 물체를 만졌을 때 강도, 손의 떨림, 손톱 변형을 감지할 수 있는 손톱센서를 개발해 파킨슨병의 징후를 감시한다. 이미 IBM이 만든 AI 종양학 의사인 '왓슨 포 온콜로지(Watson for Oncology)'가 전 세계 대형병원 의사로 활약하고 있다. 알파벳의 생명과학 자회사인 베릴리(Verily)는 4년간 1만 명에 달하는 개인의 건강 상태를 면밀하게 추적하여 데이터를 축척하는 '프로젝트 베이스라인(Project Baseline)'을 개시하기도 했다.

이미 국내에서도 AI를 활용한 헬스케어가 활발히 이루어지고 있다. 서울 아산병원에 도입된 '뷰노'는 영상자료 분석을 통해 폐, 간, 심장 질환 환자의 질병여부를 진단하며 루닛은 자체 개발한 'DIB(Data-driven Imaging Biomarker)'를 이용하여 의료영상을 분석해 유방암과 결핵의 유무를 의사 대신 판독하고 발병 확률을 예측한다. 셀바스AI(SELVAS AI)의 '셀비체크업'은 대상자가 향후 걸리게 될 성인병을 예측하는 시스템으로, 국민 건강보험을 보유한 51만 명의 데이터를 기반으로 심혈관, 당뇨, 6대암, 치매 등의 발병확률을 제공한다.

AI는 이처럼 의료와 제약 기술을 획기적으로 변화시켜 생명과 건강이라는 라이프스타일의 핵심 영역에 혁신을 일으키고 있다. 특히 AI를 기반으로 한 맞춤형 의료 서비스는 삶의 질에 결정적 역할을 하는 요소로 자리 잡으며 이제 AI 의사를 찾아 진료를 받는 새로운 미래가 다가올 것이다.

9
자율주행의 시대를 열다

AI가 일으킬 수 있는 우리 삶의 또 다른 혁신은 사람들의 이동을 편리하게 하는 이동성(Mobility)이다. 이동성 혁신은 곧 라이프스타일 혁신이라고 할 수 있다. 가장 주목받는 분야는 역시 자율 주행이다. 자율주행이 가능해진다는 것은 인간이 운전이라는 노동에서 해방될 수 있음을 의미한다. 우리는 일상에서 이동하는 데 많은 시간을 사용한다. 하지만 이것을 AI가 대신한다는 것은 어떤 의미일까? 운전에만 집중했던 이동 시간에 다른 생산적 활동을 할 수 있다는 것을 의미한다. 우리 삶의 또 다른 혁신인 것이다.

AI는 5G 기반 자율주행차의 핵심으로 이미 스마트폰과 같은 차세대 기술 플랫폼으로 부상했다. 미국에서는 이미 자율주행자동차 상용 서비스가 시작되었으며, 이에 전 세계에서 자율주행자동차 시장을 따라잡기 위한 시도가 이어지고 있다. 구글(Google)의 모회사 알파벳의 자율주행 관련 자회사인 웨이모(Waymo)는 2017년 4월부터 미국 애리주나 주 피닉스 지역에서 자율주행 차량 무료 호출 프로그램을 운영했고 2018년

12월부터 해당 지역에서 자율주행자동차 상용 서비스를 개시했다. 전기차 업체인 테슬라뿐 아니라 아마존까지 자율주행 업체 죽스(Zoox)를 인수하며 자율주행 경쟁에 뛰어들었다.

특히 AI의 딥러닝 시각지능 기술은 자율주행차 개발의 핵심이라고 할 수 있다. 사물인식은 차량주변 물체를 단순히 감지하는 수준을 넘어 인식 사물이 차량, 표지판, 보행자 인지에 따라 각각 다르게 주행하는 제어기능 구현도 필요하다. 어두운 밤이나, 눈이나 비가 내리는 기상환경에서도 높은 정확도로 사물을 인식할 수 있으며 보행자의 움직임, 차량 진행방향, 도로가 차도인지 인도인지와 같은 문맥적 의미(Context Awareness)를 이해하는 수준으로 발전이 진행되고 있다.

이처럼 자율주행은 자동차의 개념 자체를 완전히 바꿀 것이다. 운전만 하는 이동 공간에서 운전자가 영화를 보거나 게임을 하는 등 새로운 여가 공간으로 변화가 예상된다. 좋은 자동차의 기준에 얼마나 즐거운 공간인지가 새로 추가될 수 있다. Beyond Sapiens 시대의 인간은 이동에 따른 시공간의 제약에서 해방될 것이며 자동차는 부가가치를 창출하는 새로운 공간으로 탈바꿈하게 될 것이다.

10
AI 스피커,
비서이자 동반자가 되다

AI 디바이스 이용 경험이 점차 확대되면서 AI의 편의성에 관한 긍정적 인식이 확산하고 있다. 이미 AI 스피커는 상용화되어 일상으로 자리를 잡고 있다. 다른 기술들과 달리 AI는 사람을 모방한다는 면에서 인간의 영역을 대체할 새로운 가능성을 가졌다.

바로 이 같은 가능성을 가장 잘 활용한 것이 AI 스피커이다. 나의 일상에서 궁금한 점과 필요한 부분을 대신해주는 비서처럼 때로는 인간의 외로움을 달래주는 동반자처럼 기술의 새로운 형태를 보여주는 것이다.

AI 스피커가 가져온 흥미로운 변화 중 하나는 모바일 플랫폼의 압도적인 위상에 조금씩 균열을 내고 있다는 것이다. 엑센츄어(Accentrue)에 따르면 스마트스피커 소유자의 3분의 2가 음악뿐만 아니라 정보검색, 온라인구매에서도 스마트폰 사용량이 감소했다.[8] 기존에는 모바일을 활용해 텍스트를 입력하는 방식의 검색이 많았지만, AI 스피커를 보유하게 되면 모바일 검색 자체가 줄어드는 것이다. 이는 AI 스피커가 막강한 새로운 플랫폼으로 떠오르고 있음을 의미한다. 모바일이 가지고 있는 디스플레이의 영역까지 대체할 수는 없지만, 오늘의 날씨부터 주요 뉴스, 교통 전망 등 우리의 일상생활에 필요한 지식을 전달해주는 창구로 AI 스피커의 역할이 커지는 것이다. 이는 곧 모바일이라는 플랫폼에서 해방돼 AI라는 기술 기반으로 우리 일상이 변하고 있음을 의미한다.

AI 비서의 선두 주자로 앞서가고 있는 아마존은 AI 스피커 생태계 조성을 위해 적극적으로 뛰어들고 있다. 중국의 알리바바(Alibaba)는 홈네트워킹에서 AI 스피커가 핵심 역할을 수행할 것으로 기대하며 AI 스피커 '티몰 지니'를 중심으로 한 AI와 IoT 시스템에 14억 달러를 투자한다고 발표했다. 가전 부문에서는 이미 AI를 탑재한 프리미엄 가전 판매를 확대하는 등 AI 기술을 접목한 사물인터넷(IoT) 적용이 활발히 진행되어 왔다. 국내 통신업계들도 AI 스피커의 선두권을 잡고 사용 환경 확대를 위해 치열한 경쟁을 벌이고 있다.

AI 스피커는 고령화 시대에서 새로운 사회안전망으로도 주목받고 있다. 코로나19로 계속되는 외출 자제와 격리 생활로 불안·우울감을 느끼는 사람이 늘어나면서 정보 검색, 대화 상대, 치료 극복, 심리적 안정화 등 역할을 수행하는 AI 스피커가 인기를 끌었다.

특히 사회적 문제로 떠오른 독거노인의 경우 AI 스피커가 동반자로서 역할을 하며 인간이 해결하지 못했던 복지 공백을 채워나가고 있다. 위급상황 시에는 AI 스피커가 119로 연결해주며 독거노인들의 사회안전망 역할로 자리를 잡아가고 있다. 또한 감정적으로도 AI 스피커가 함께 대화를 나누며 고독감을 줄이는 역할을 해나가고 있는데 이는 AI가 과거 기술과 달리 인간의 감정적인 영역까지 대체하고 있음을 보여준다.

11
AI, 언어의 장벽을 허물다

AI가 만들어낸 일상의 변화 중 하나는 손쉽게 언어의 장벽을 허물었다는 것이다. 자동통번역 서비스는 AI의 핵심 영역 중 하나로 꼽힌다. 언어의 장벽은 그동안 인간이 쉽게 극복하지 못했던 경계 중의 하나였다. 하지만 AI는 놀라운 속도로 언어의 경계를 무너뜨리고 있다. 언어의 경계가 무너진다는 것은 곧 우리의 비즈니스는 물론 우리의 일상 영역이 지금보다 더 글로벌화해질 수 있음을 의미한다.

시장조사업체 윈터그린 리서치는 자동통번역 글로벌 시장규모는 2012년 6억 달러에서 2020년 69억 달러로 7년간 10배 이상 성장할 것으로 전망했다.[9] 자동통번역 서비스의 선두주자인 구글은 2007년 통계기반 기계번역(SMT)을 적용한 '구글번역기(Google Translator)'를 시작해 전 세계 5억 명 이상 사용자, 103개 언어 지원, 매일 1400억 개의 단어번역을 자랑한다. 2016년 '구글 신경망 기계번역(GNMT)'으로 시스템 전환 후 구글번역 오류가 55%~85% 감소하며 지난 10년보다 더 높은 성능개선을 보였다. 2017년 구글 스마트폰 시리즈 '픽셀2' 내 인이어 통역기 '픽셀버드(Pixel Buds)'는 스마트폰 무선이어폰 기능을 수행하면서도 실시간으로 40개 언어를 번역하기도 했다.

국내 기업 중에서는 네이버가 자동통번역 서비스 '파파고(Papago)'를 2017년 정식 출시하며 국내 모바일 통·번역 앱 중 1위를 유지하고 있다. 파파고는 13개 언어에 대한 AI 번역 결과를 제공하며 2020년부터는 영한 번역에 높임말 번역 기능을 추가했다. 2016년부터 한영 번역 시 'N2MT(Naver Neural Machine Translation)' 기술을 적용하기 시작했는데 라이브스트리밍 브이(V)앱, 웹툰, 쇼핑 등 데이터를 수집해 NMT 고도화에 활용하여 일상생활표현, 신조어, 구어체 등에서 경쟁력을 확보했다. 후발주자라고 할 수 있는 카카오는 2017년 AI 번역 베타 서비스를 시작했는데 카카오의 인공지능 플랫폼 '카카오 아이(Kakao I)'는 개편을 거쳐 번역 가능 언어를 19개로 확장했다.

이같이 언어 장벽이 허물어지면 우리가 접근할 수 있는 콘텐츠의 영역이 더욱 확대될 것이다. 프랑스 요리에 대해 관심이 생겼을 때, 한글로 번역된 소스를 한국 사이트에서 찾지 않고도 직접 프랑스 사이트에서 통번역 서비스를 활용해 콘텐츠를 볼 수 있다. 이에 따라 우리의 소비 영역도 전 세계로 확대될 것이다. 우리 일상의 영역 자체가 더 폭넓어지고 다변화되는 것이다.

Sapiens

Chapter 3

AI로 국가를 혁신하다

한 국가 또는 지방자치단체의 모든 이들을 대상으로 하는 행정 영역은 AI의 능력을 효율적으로 이용할 수 있는 대표적인 분야다. AI를 필두로 빅데이터·로봇 같은 미래 신기술은 현재 Sapiens 시대의 국가와 정부를 혁신하는 일에도 쓰일 수 있다. 범죄 예방과 교통 관리 같은 일상생활의 개선부터 생태계 보호와 에너지 관리 등 시민 단체나 기업 차원에서 다루기 힘든 국가적 목표를 달성하기 위해서는 AI의 체계적인 관리가 필수적인 요소가 될 전망이다.

그렇게 되면 Beyond Sapiens 시대에는 그동안 비효율적이고 비대하다고 비판받아왔던 국가 조직도 AI의 힘을 이용해 보다 적은 인원으로도 행정 역량을 강화할 수 있을 것으로 점쳐진다. 한국은 경제협력개발기구(OECD)에서 2020년 처음으로 실시한 '디지털정부평가'에서 종합 1위를 차지한 국가이지만, '선제적 정부' 항목에서는 비교적 낮은 12위에 그친 바 있다. AI의 시급한 도입과 기존 조직원들의 조직 간, 기능 간 재배치를 시도해야 하는 시점이 찾아오고 있다.

12
공공 행정을 진화시키다

2015년 미국 네바다주의 보건 당국 공무원들은 아무리 단속을 해도 줄어들지 않는 식중독 사고 때문에 골머리를 앓고 있었다. 문제는 시중 식당의 위생 검사 방식에 있었다. 인력과 시간이 한정돼 있다 보니 모든 식당을 검사할 수는 없었던 것이다. 다른 모든 곳이 마찬가지겠지만, 네바다주 역시 일부 식당을 무작위로 추출해 검사했기 때문에 검사를 못한 식당에서의 식중독 위험이 언제나 남아있었다.

이 고민을 해결해 준 것이 바로 AI였다. 뉴욕의 로체스터 대학이 개발한 식중독 예방 툴을 전면 도입한 것이다. 네바다 보건 당국은 온라인에서 수집한 시민들의 SNS 데이터를 분석하기 시작했고, 분석한 내용에 따라 AI를 이용해 위험도를 예측해냈다. 예컨대 'Stomachache(복통)'이나 'Nauseous(메스꺼움)'와 같은 단어가 등장하면 이를 추출해 점수화하는 방식이다. 네바다주는 2016년부터 이렇게 점수화된 위험도를 통해 위생 검사를 받을 식당을 정했다. 이 과정에 인간이 개입하는 비율은 15%가 되지 않았고, 이 결과 식중독 문제 식당 발견 비율을 9%에서

15%로 높일 수 있었다.[10]

미국 공공기관 가운데 45%가 AI를 실제 업무에 도입해 사용한다는 조사가 나올 정도로, 미국은 AI 행정을 적극적으로 실현하고 있다. 증권위원회는 금융기관의 내부자 거래를 단속하는 데 AI를 활용하고 있다. 메디케이드(Medicaid) 센터 역시 의료 보험 사기 탐지에 AI를 활용하고, 특허청은 특허 심사에, 소비자금융보호원은 소비자들의 민원 분석에 AI를 적용한다.[11]

미국에 이어 AI 최강대국으로 등극한 중국 역시 공공행정 분야의 AI 도입에 나서고 있다. 일례로, 중국 남부의 하이난성은 2020년 4월 얼굴 인식 기술에 기반을 둔 행정 서비스 단말기를 도입했다. 각 행정기관과, 경찰서, 은행, 약국, 주민센터 등 350곳에 설치된 이 단말기는 AI 기술을 이용해 시민의 얼굴을 스캔해서 신원을 확인해준다. 굳이 번거롭게 주민등록번호나 기타 인증서를 들고 가지 않더라도 얼굴 인식을 통해 각종 증명서 발급, 범칙금 납부, 세금 납부 등 150개의 행정 업무를 처리할 수 있다.

하이난성은 AI 기술과 5G 통신 기술을 합친 '24시간 가상 서비스 홀' 역시 운영 중이다. 이 가상 서비스 홀에서는 200여 개의 행정업무를 언제 어디서나 처리할 수 있다. 다른 지역과 마찬가지로 상하이시의 법원은 사건 기록과 자료 수집, 증거 제출 등 기존에 법원 직원들이 하던 업무를 AI가 처리하고 있다. 또한, 지진이 자주 발생하는 윈난성과 쓰촨성에서는 AI를 이용해 지진을 사전에 예측하고 모니터링하는 시스템을 가동하고 있다. 선전시 푸톈구는 행정 서비스, 교육, 의료 및 헬스케어 부문에서 AI를 활용한 공공 앱을 운영하고 있으며 무인 자율주행 청소 차량 역시 선보인 바 있다.

2018년 글로벌 컨설팅회사 엑센츄어(Accenture)로부터 AI 활용으로 가장 성장 가능성이 큰 국가로 꼽힌 싱가포르는 'AI 시대 스마트 국가'를 선언했다. 싱가포르는 가장 먼저 데이터 분석 및 수집력 확보를 위해 공공데이터 포털센터를 구축했다. 자율주행 버스와 택시, 노인들을 위한 로봇 운동 도우미, 의료 AI를 도입해 운영하고 있다. 또한, 국가 AI CTO를 임명해 과감하고 발 빠른 AI 정책도 추진한다. 일본 역시 중앙정부 주도하에 재해 관리, 민원 대응, 통계 조사, 예산 결산과 같은 업무에서 AI를 적극적으로 도입해 활용하고 있다.[12]

표 2 일본 정부의 AI 활용 분야

업무 내용	활용 내용
채용/선정	- 복수 후보 중 우선후보자 및 조건부합자 선택 후 추천
재해 관리	- 재해 대책 필요성 여부 판단(기준치 이상 관측) - 인명 구조 계획의 적절성(시간, 필요조치) - 장래 동향 및 변화 등 예측
민원 대응	- 관계 법령 및 행정조치 사전 조사 - 회신안 작성 - 외국어(영어 등) 질의 및 회신안 번역
통계 조사	- 통계조사 관련 문제점 및 개선과제 도출
예산 결산	- 요구 사항 분석, 교정 작업 - 차년도 영향 분석

글로벌 컨설팅 업체 캡제미니(Capgemini)에 따르면 각국 정부가 공공

영역에서 AI를 적극적으로 활용했을 때, 이를 통한 부가가치가 2025년 5조 6,000만 달러에 이를 것이라고 한다. 많은 국가가 방대한 공공데이터를 선제적으로 활용해 AI 공공 서비스 개발에 나서고 있는 이유다.

13
범죄와 사고를 예방하다

범죄 예측 프로그램이 등장한 미래를 다룬 영화 〈마이너리티 리포트(Minority Report)〉는 이미 현실화했다. 30년 앞선 현재 AI는 범죄 예측 최일선에 서 있다. 미국과 영국, 중국에서는 실제로 범죄 예측을 하는 상황이며 국내에서도 일부 분야에서 범죄 발생 예측 기술을 개발하고 있다. 뉴욕 경찰은 매일 아침 범죄 가능성을 지역에 제공한 '콤프스탯(Compstat)'이라는 범죄 예측 프로그램을 도입했는데, 이는 매일 아침 범죄가 발생할 가능성이 가장 높은 지역을 확률로 알려준다. 이후 샌타크루즈 지역 경찰이 도입한 '프레드폴(PredPol)'은 범죄 패턴을 분석해 후속 범죄의 가능성을 예측하는 시스템으로 진일보했다. 이를 통해 범죄율이 1년 새 27% 하락했다.[13]

영국 더럼(Durham)시 경찰은 2018년 AI 위험 측정 도구인 'HART'(Harm Assessment Risk Tool)를 도입했다. 이는 용의자 구금을 결정하는 프로그램으로 용의자의 재범률을 높음과 보통, 낮음으로 측정해 구금 여부와 시간, 보석 석방 조건 등을 제시한다.

중국도 범죄 없는 도시를 꿈꾸고 있다. 중국은 2015년 공안부 주도로 인공위성 GPS와 전국 2,000만 대 CCTV를 활용해 하늘의 그물을 뜻하는 '톈왕(天網)' 모니터링 시스템을 구축했다. 이를 통해 중국 13억 명의 전 국민 얼굴을 3초 안에 구별하며 범죄자를 감시하고 있다.

국내도 2019년부터 한국전자통신연구원(ETRI)이 CCTV 상황을 분석해 어떤 유형의 범죄가 발생할지 확률적으로 보여주는 '예측적 영상보안 원천기술'을 개발하고 있다.[14] 이는 우범지대로 특정된 지역에서 새벽 시간대 남녀가 일정 거리를 두고 걸어가면 매우 높은 비율의 우범률이 %단위로 표시되는 방식이다. 현재 상황을 먼저 분석하고 과거 범죄 데이터를 비교해 앞으로 일어날 수도 있는 범죄가 얼마나 위험한지를 판단해 먼저 대응한다는 의미다. 선진국이 진행 중인 통계적 범죄 예측 방식에 지능형 CCTV 영상분석 기술을 더한 것이다. 기존 선진국의 범죄 예측시스템은 단순히 과거 범죄통계정보만을 분석해 미래의 위험도를 측정했다면, 본 기술은 CCTV를 통해 실시간 확인되는 현재 상황 정보까지 반영하여 정확한 범죄 시간과 범죄 발생 위험도를 알아낸다. 과거 발생한 범죄의 '데자뷔(Deja vu)'를 재인식하는 셈이다. 위험 예측분석은 AI 분석 과정을 통해 이뤄진다. 일반적으로 범죄가 발생하는 지역은 육안으로 식별이 어려운 열악한 환경이 대부분이기에 고성능 AI 기술이 필수적으로 요구된다.

연구진은 성범죄 전과가 있는 대상자를 관리하는 기술도 개발할 예정이다. 현재 위치정보를 기준으로 발생하는 알람의 경우 고의성을 판단하기 어렵고, 사람이 많을 경우에도 CCTV로는 대상자 판별이 어렵다는 단점이 있었다. 이에 한국전자통신연구원은 2022년까지 '선제적 위험대응을 위한 예측적 영상보안 핵심기술 개발'의 일환으로 이 과제를 수행하고 있다.

범죄와 같은 사건이 아닌 사고의 예측을 방지하는 'AI 기반 사각지대 탐지 시스템'도 등장했다. 어린이 교통사고 사망자 10명 중 6명은 보행 중 사고인데, 이를 미리 막는 것이다. 미국의 스탠퍼드 대학 연구진은 레이저 빔을 반사해 시야에서 보이지 않는 물체의 '이미지'를 실시간으로 구현하는 시스템을 개발했다. 기존 알고리즘은 반사된 레이저 노이즈 분석을 짧은 시간 내 처리하지 못 했다. 개발한 알고리즘은 AI가 획기적으로 처리 시간을 줄여 매우 짧은 시간의 노출 정보량으로 숨겨진 물체의 고해상 이미지를 생성할 수 있어 실시간 감지에 이용할 수 있다. 이 연구결과는 번잡한 교통상황에서의 위험요소와 돌발 상황을 실시간으로 감지해 어린이 수송 차량, 화물차, 대형 버스의 시야 사각지대로 인한 사고의 위험성을 낮출 것이라고 기대된다.

14
지속가능한 생태계를 만들다

AI는 환경 영역에서도 인류가 해결하지 못했던 난제들을 극복해나가고 있다. 멸종 위기에 처한 야생 동물 보호부터 불법 벌목과 불법 어획을 감시하는 데에도 AI가 활용되고 있다.

한국 해양수산부는 2020년 4월부터 야생동물 개체 식별에 활용되는 인공지능기술 프로그램 '핫스포터(Hotspotter)'를 해양보호생물인 점박이물범 개체 식별조사에 도입했다.[15] '핫스포터'는 멸종위기종인 그레비얼룩말 보호를 위해 미국 렌슬리어 공대 컴퓨터공학과에서 개발한 인공지능기술 프로그램으로 생물의 고유한 특징을 분석하여 개체를 식별하는 기술을 사용한다. 그동안 점박이물범 서식행태 등을 조사하려면 점박이물범의 특정 부위를 촬영한 사진 수천 장을 사람이 일일이 비교해야 했다. 이 때문에 분석에 많은 시간이 걸렸으며, 분석자의 숙련도와 집중도에 따라 분석 결과가 달라져 점박이물범 개체 관리에 어려움을 겪었다. 이러한 문제를 해결하기 위해 국립수산과학원 고래연구센터는 지난해 촬영된 점박이물범 개체를 식별하는 데 시범적으로 '핫스포터'를 적용하였다. 그 결과, 1년 치 자료 분석을 기준으로 기존의 방식에 비해 분석 시간이 10분의 1(40시간→4시간)로 줄어들었으며, 정확도도 더 높아진 것을 확인하였다. 그레비얼룩말과 같이 점박이물범도 개체마다 사람의 지문처럼 고유한 반점과 패턴을 가지고 있기 때문이었다. 해양수산부는 인공지능 기술을 통해 더욱 정확하고 빠르게 점박이물범 개체를 식별하고 보호 관리를 한층 더 강화해 나가겠다고 밝혔다.

AI를 활용한 생태계 보호에 적극적으로 참여하고 있는 대표적인 기업은 마이크로소프트(Microsoft)다. 마이크로소프트는 AI 기술을 이용해 기후 문제와 생태계 보호 등 다양한 환경 문제를 해결하고 지속가능한 미래를 만들기 위한 '지구환경 AI 프로젝트(AI for Earth)'를 진행하고 있다. 이는 국가를 뛰어넘은 전 인류의 과제인 만큼 세계 곳곳에서 다양한 프로젝트에 활용하고 있다.

코끼리 보호를 위해 AI 음성 인식 기술을 활용한 소머즈 AI가 대표적이다. 미국 코넬대학교 조류학연구소에서는 상아 수집을 위한 불법 밀렵으로 개체수가 급감하고 있는 코끼리 보호를 위해 미국의 AI를 활용했다.[16] 콩고민주공화국 북부에 위치한 '누아발레-느도키 국립공원(Nouabalé-Ndoki National Park)'에서 진행되고 있는 '엘리펀트리스닝 프로젝트(Elephant Listening Project)'로 머신러닝 기술을 활용해 시끄러운 열대 우림에서 코끼리 소리를 다른 소리와 구별해낸다. 이렇게 수집된 음성 데이터에서 마이크로소프트의 클라우드 '애저(Azure)'를 통해 빠르고 정확하게 코끼리 소리만 식별해낸다. 기존에는 축적된 데이터를 분석하는데 약 3주의 시간이 걸렸지만, 이 방식으로는 단 하루면 데이터 분석이 가능하다.

AI를 활용해 멸종동물의 개체 수를 파악해 보호하는 시도는 코끼리뿐 아니라 펭귄, 원숭이 등 다양한 개체를 대상으로 이뤄지고 있다. 마이크로소프트는 이 같은 방식으로 미국의 국립해양대기청(NOAA)과 파트너십을 맺고 벨루가 고래, 바다표범, 북극곰 등 멸종 위기에 처한 극지 동물 개체 수를 감시하고 있다.[17]

인도네시아에서는 불법 벌목을 적발하는 데 AI를 활용한 산림 감시 시스템이 활용돼 주목받았다. 인도네시아의 우림 지역인 웨스트 수마트라에서 불법 벌목업자들이 무단으로 숲의 목재를 훔쳐갔다. 그동안 불법 벌목은 드론이나 위성 등 주로 이미지에 의존하는 수준이었다. 그런데 토퍼 화이트(Topher White)가 설립한 비영리단체인 레인포레스트 커넥션(Rainforest Connection)이 오디오 데이터 기반의 새로운 산림 모니터를 선보인 것이다. 기본적인 원리는 우선 숲 곳곳에 설치된 중고 휴대폰이 톱이나 트럭과 같은 불법 벌목 행위와 관련된 음성을 녹음해 클라우드로 전송한다. AI가 전송받은 음성 데이터를 분석해 불법 벌목 행위가 인지되면 즉각 숲 경비대원들에게 경보를 보내 불법 벌목업자들을 체포하는 방식이다.[18] 레이포레스트 커넥션이 사용하는 Google AI 소프트웨어는 정글에서 발생하는 일반적인 소리와는 확실히 다른 벌목 소음을 잡아낸다. AI의 음성 인식 기술을 불법 벌목에 활용하는 단순하면서도 획기적인 시도인 것이다.

15
에너지 경쟁력을 높이다

세계의 국가, 도시들 역시 에너지를 아끼는 일에 적극적으로 AI를 활용하고 있다. 싱가포르는 지난 2014년 리셴룽(Lee Hsien Loon) 총리가 선포한 '스마트네이션(Smartnation)'의 일환으로 '버추어 싱가포르(Virtual Singapore)' 프로젝트를 추진하며 도시 인프라 관리에 나섰다.

도시의 공간 데이터를 표준화해 일종의 디지털 트윈(Digital Twin)을 만들고 도시 계획시 참고 자료로 쓰는 것이다. 디지털 트윈은 컴퓨터에 현실 속 사물과 똑같은 쌍둥이를 만들고, 현실에서 발생할 수 있는 상황을 컴퓨터로 시뮬레이션함으로써 결과를 예측하는 기술이다. 실제로 싱가포르는 신규 건물의 인허가를 내기 전, 도시의 기온정보와 일조량에 대한 데이터 융합을 통해 새 건물이 다른 건물의 일조량이나 온도에 미칠 영향을 AI로 예측해서 고려한다. 또한 빌딩의 높이 정도, 일조량 등의 데이터 융합을 통해 태양광 발전 패널의 설치에 따른 에너지 생산량도 예측해서 진행한다.

덴마크 코펜하겐시는 히타치(Hitachi)와 함께 개발한 '코펜하겐 데이터 거래소(Copenhagen Data Exchange)' 플랫폼(http://data.kk.dk)을 통해 도시에서 일어나는 다양한 데이터를 분석하고 가공한 뒤 이를 일반시민이나 기업이 활용할 수 있도록 공개하고 있다. 일반 가정에도 수도와 전기, 가스 사용량, 세탁기와 식기세척기 사용량을 분석해서 에너지 사용을 최소화할 수 있는 대안을 제시할 수 있다.

LED 기술 관련 선두기업인 '덴마크 아웃도어 라이트 랩(DOLL)'과 함께 도시 조명에 대한 연구도 진행 중이다. 앨버트슬런드(Albertslund) 시내의 총 길이 14km 길이 도로에 LED 조명을 설치했는데 시스코(Cisco)의 네트워크 기술을 이용해 모든 조명을 원격 관리하는 방식이다. 가로등의 센서는 사람을 감지하면 사람을 따라가며 밝아지고, 사람이 지나간 뒤에는 다시 빛이 희미해지는 식으로 에너지를 절약한다. 전통적인 조명에 비해 총 10만 톤의 이산화탄소 배출 절감 효과와 함께 기존 에너지 사용량의 75%가 절감되는 것으로 나타났다.

네덜란드 암스테르담에서도 에너지를 아끼는 일에 관심이 높다. 지난 2006년부터 '지속가능한 발전을 위한 환경 도시 계획'을 기초로 EU 최초의 암스테르담 스마트시티(Amsterdam Smart City, ASC)를 추진해왔다. 친환경 에너지로 자급자족 스마트시티를 만들겠다는 계획하에 남부 상업지구 쥐다스 지역에 만들어진 스마트빌딩(The Edge)은 건물에 설치된 태양광 패널로 자체적 제로 에너지를 달성했을 뿐만 아니라 빌딩 내에 2만 8,000여 개의 센서를 설치해 온도와 밝기, 습도, 기기 상태, 이용 빈도 등 다양한 정보를 데이터화해 보다 효율적인 건물 관리 실험을 하고 있다.

국내에서도 세종시와 부산시를 스마트시티 국가시범도시로 선정하고 선도모델을 조성하는 사업을 추진하고 있다. 세종시는 '지속가능한 친환경 미래 에너지 도시'를 목표로 '건설기술관리시스템(CEMS)' 구축을 통한 에너지 관리, 소규모 전력중개사업 등을 시도했고, 부산시 역시 제로에너지 주택시범단지 도입 등 에너지 자립율 100%를 목표로 삼았다.

물론 지방자치단체와 정부 외에도 에너지를 아끼는 일에 AI를 활용하는 기업들도 있다. 예컨대 AI를 연구해온 국내 통신사들도 B2B(Business to Business) 영역 서비스를 만드는 중이다. 정부 차원에서도 이러한 서비스에 대한 지원책을 늘리는 것 역시 정부와 민간의 윈-윈 전략이 될 수 있다.

SK텔레콤은 전력비용 최적화 서비스 'E-옵티마이저(E-Optimizer)'를 2019년 출시했다. 이를 통해 에너지 사용량이 많아 비용 절감이 절실한 중대형 빌딩이나 공장의 전력 사용 데이터를 AI가 15분 단위로 분석해 현재 고객의 적정 요금제, 전력 사용 패턴 분석, 개선 방안을 컨설팅 보고서 형태로 제공하는 서비스를 고객에게 제공한다.

KT도 AI 기반 빅데이터 분석 엔진 '이브레인(E-Brain)'을 이용해 에너지 최적화와 무인매장 관리 효율화를 달성할 수 있는 'KT 기가에너지 매니저 프랜차이즈 플러스' 상품을 서비스 중이다. KT는 실제 빌딩에서의 AI 실험을 위해 KT 자체 건물에 전기전자기업인 한국지멘스의 빌딩 자동화 시스템과 KT의 지능형 제어 알고리즘 '로보 오퍼레이터(Robo-Operator)'를 접목한 냉난방 설비 최적 제어 솔루션을 적용해 약 15%의 에너지를 아끼는 성과를 거두기도 했다.

16
도시의 교통을 혁신하다

2016년 중국 항저우시는 '시티 브레인' 계획을 발표했다. 도시의 ICT인프라에서 수집되는 다양한 데이터를 AI로 분석하고 도시 운영에 활용하겠다는 계획으로, 대부분 '교통'에 초점이 맞춰있었다. 그만큼 도시의 교통은 AI 혁신의 가장 선도적인 분야다.

항저우에서 교통사고가 나면, 당국은 이를 20초 만에 파악하고 대응에 나선다. AI를 활용해 16시간 분량의 동영상을 1분 만에 분석하는 '천경(天警)'과 이를 통해 자동으로 순찰에 나서는 시스템 '천요(天曜)' 덕분이다.

표 3 항저우 시티브레인의 주요 기능

구분	주요 기능
천요(天曜)	교통 사고를 실시간 감지하고 자동 순찰
천경(天警)	다양한 포맷의 데이터 분석 및 융합
천영(天鷹)	빠른 속도로 목표물 위치 측정해 실종 및 뺑소니 추적
천기(天机)	영상 분석으로 교통량 예측

교통량을 예측하는 AI 프로그램인 '천기(天机)'를 이용하여 예측되는 교통 혼잡도로 유연한 교통 정책을 세우기도 한다. 이 결과 항저우시는 피크 시간대의 교통 혼잡도를 9.2% 절감시키고, 평균 주행속도를 15.3% 늘리는 결과를 얻었다. 또한 골든타임이 중요한 교통사고의 경우 구급차를 위한 최적 경로 산출 및 신호등 제어를 통해 현장 도착 시간을 50% 단축하기도 했다.[19]

아예 도로 설계부터 AI를 활용하기도 한다. 미국 뉴욕시에서 평소 교통량과 도로 구조 등 다양한 데이터를 바탕으로 다양한 상황에서의 교통사고 확률을 예측하는 AI를 개발해 이를 도로 설계에 반영하기로 한 것이다.

교통사고를 최소화 할 수 있는 도로 간격, 보행 광장 위치, 신호등 간격, 버스/자전거 차선 등 교통 내적인 요소뿐만 아니라 건물과 노점 위치 등 교통 외적인 요소까지 결정한다. 아직 시범적인 운영이긴 하지만 이를 통해 보행섬 설치, 좌회전 전용차선 분리, 좌회전 금지, 도로 폭 변화, 음향 신호등 설치를 조정했고 보행자 관련 교통사고를 68%나 줄일 수 있었다.[20]

AI를 이용한 교통 혁신은 국내에서도 이뤄지고 있다. 서울시가 서울 시내버스와 택시에 AI와 5G 기술을 접목한 것이다. 2019년 하반기부터 운행 중인 이들 버스와 택시 1,700여 대에는 5G '첨단 운전자 보조 시스템(ADAS)'이 장착돼 있다.

이 5G ADAS를 통해 버스와 택시는 도로 교통 데이터를 실시간으로 업데이트해 제공받고, 도로 표면이 움푹 팬 구멍인 포트홀(Pothole) 등 도로 위험 요인을 미리 경고받는다. 차선 이탈 방지 경보나 전면 추돌 방지, 보행자 추돌 방지와 같은 AI 기반의 주행 보조 서비스도 제공받는다.[21]

17
국가 안보의 핵심 자산이 되다

미국은 현재 AI가 조종하는 전투기를 개발하고 있다. 2021년을 목표로 AI를 탑재한 자율비행 전투기를 제작 중이다. 미 공군연구소(AFRL, Air Force Research Laboratory)가 2018년부터 진행해온 'Big Moonshot' 프로젝트의 일환이다. 이를 통해 본격적으로 AI가 전투기 조종 분야에 도입된다면 인간이 AI를 쉽게 이길 수 없을 것이라는 전망이 나온다. 베테랑 조종사가 아무리 많은 경험을 쌓는다고 해도 몇천 시간 비행시간을 보유한 반면, AI는 그보다 많은 비행 경험을 단기간 내에 습득할 수 있기 때문이다. 예를 들어 소령이 맡는 전투비행 대장이 보통 1,600시간 비행 기록을 보유하면 베테랑 조종사로 불릴 수 있지만, AI는 쉬지 않고 비행 기록을 습득할 수 있다. 이 프로젝트를 총괄하는 스티븐 로저스(Steven Rogers)는 AI의 방대한 데이터 학습과 전투 시행착오가 종료되는 2021년 7월쯤에는 조종사가 AI를 이기기 힘들 것이라고 내다봤다.

이를 비롯해 미국은 차세대 기종인 신형 6세대 기체를 2030~40년에 실전에 배치하는 '차세대 공중 지배' 프로젝트를 추진하고 있다. 차세대 기체는 5세대 스텔스 전투기를 능가하는 스텔스 기능 외에 AI를 활용해 다양한 전투 지원 기능이 탑재될 전망이다. 이 AI 시스템은 데이트를 즉시 수집하고 분석해 최선의 공격 방법을 제안하고 선택지별 승률을 조종사에게 제공한다.

4차 산업인 컴퓨터와 인터넷, 무선통신, GPS, 터치스크린 등 현재 많은 사람이 쓰고 있는 IT 기술은 미국의 국방 기술에서 유래됐거나 발전돼왔다. 이에 무기체계 분야에서 AI 기술이 빠르게 도입될 전망이다. 2018년 8월 국방부 산하의 연구기구인 방위고등연구계획국(Defense Advanced Research Projects Agency, DARPA)는 AI와 관련해 대규모 투자 계획을 발표했다. 차세대 AI를 개발하기 위한 'AI Next 캠페인'과 이와 연계된 기존 프로그램에 20억 달러(한화 2조 2,500억 원) 이상을 투자한다는 내용이다.

18
에듀테크 시대를 이끌다

AI는 교육 경쟁력을 높이는 데도 핵심 수단으로 활용되고 있다. 우리나라 교육부는 2020년 8월 코로나19로 심화된 학습 격차를 해결하기 위해 "초등학생에게 AI를 활용한 국·영·수 맞춤형 교육을 제공하겠다"고 밝혔다.[22] AI가 국영수 기초 학습 수준을 진단하고 학습 결손이 예측되는 영역을 추천하는 방식으로 맞춤 지도를 하겠다는 것이다.

우선 초등 3~6학년을 대상으로는 한글 해독 수준을 진단한다. 이 과정에서 AI 프로그램을 활용해 학생별 어휘 수준을 점검하고, 개인별 맞춤 학습 콘텐츠 등을 통해 바로잡는다. AI 기반 영어 '말하기 연습 시스템'도 도입해 초 3~6학년 영어 교육과정에 기반을 둔 단어·문장·자유대화 등을 학습할 수 있는 'AI 초등 영어 말하기 연습 시스템'을 구축해 전면 활용하기로 했다. 사실상 공교육에서 처음으로 AI를 활용한 교육이 시작되는 셈이다. 특히 그동안 쉽게 해결하지 못했던 교육 격차 해소에 AI가 획기적인 변화를 가져올 것으로 보인다.

구글, 마이크로소프트 등 대형 IT 기업들이 교육 서비스 분야 투자를 본격화하면서 '에듀테크(Edu Tech)' 시장이 빠르게 성장하고 있다. 교육용 소프트웨어를 학교에 무상으로 제공하는 방식으로 교육 서비스 분야에서의 영향력을 강화하고 있다.

에듀테크에 가장 활발한 투자가 이뤄지는 나라는 중국과 미국으로 특히 높은 교육열과 함께 중국은 전 세계에서 벌어지는 에듀테크 관련 투자의 50% 수준을 차지하고 있다.[23] AI 기술을 초등학교부터 중고등학교 교실까지 적용하면서 매우 빠른 속도로 확대되고 있다.

중국의 스마트 교실 시스템을 보면 수업을 듣는 학생들이 책을 읽거나 필기를 하는 행위와 즐거워하거나 반감을 드러내는 표정들을 기록한다. 이를 통해 교사의 교육 방식 개선에 활용하고 학생들의 수업 집중도를 높이는 것이다.[24]

학습 과정에서 어려움을 겪는 학생들을 위한 교육에 있어 AI는 새로운 변화를 이끌어내고 있다. 마이크로소프트는 AI 기반으로 텍스트를 읽고 이해하는 데 도움을 주는 '이머시브 리더(Immersive Reader)'를 공식 발표했다.[25] 이머시브 리더는 색깔 구분을 통해 명사, 동사, 형용사 등의 단어를 강조하고 그림과 같은 시각적인 요소로 학습자의 문장 이해도와 집중도 향상에 도움을 준다. 이러한 기능은 방정식 등 어려운 수학 문제를 푸는 데도 적용되어 학생들의 문제 풀이 능력 향상을 위한 훈련을 지원한다. 이미 2020년 9월 기준 2,300만 명이 넘는 사용자가 이머시브 리더를 읽기, 쓰기, 수학, 의사소통 등에 활용하고 있다. 이 밖에 마이크로소프트는 AI 기술을 통해 원격 교육의 학습 능률을 높이는 서비스 개발을 지원한다. '텍스트 음성전환(Text to Speech)' 서비스는 45개 이상의 언어, 110개가 넘는 목소리로 텍스트를 읽어주는 기능으로 학생들이 콘텐츠와 상호작용하는 새로운 방법을 제공한다.

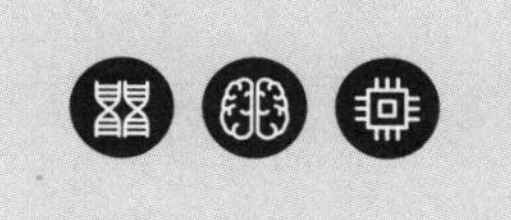

Sapiens

Chapter 4

미래 인류 최대의 적, 감염병을 이기다

오늘날 Sapiens 인류를 가장 두렵게 만드는 것은 거대한 폭탄이나 전투기 등 최신 기술이 집약된 무기가 아니다. 맨눈으로는 볼 수도 없는 작은 바이러스가 세계를 마비시키고 있기 때문이다. 게다가 2000년대 들어 신종 감염병이 발생하는 주기가 짧아지고 있다. 2003년 사스, 2009년 신종플루(H1N1) 등 가끔 발생하던 감염병은 2010년대 들어 2013년 조류인플루엔자(H7N9), 2014년 에볼라 바이러스, 2015년 중동호흡기증후군(메르스), 2016년 지카바이러스, 2020년 코로나19까지 폭발적인 수준으로 늘어났다. 학자들은 1970년대 이후 등장한 신종 감염병은 에이즈, 니파바이러스 등 30개 이상이라고 밝혔다.

물론 공항과 항구를 폐쇄하고, 물류와 여행을 통제하는 조치는 감염병 확산을 막는데 가장 효율적이지만 이 방법은 그와 함께 경제의 혈관도 함께 막혀버린다는 단점이 있다. 결국 경제 활동을 이어가면서도 감염병의 확산을 막기 위해서는 AI를 예측과 치료, 방역에 이르기까지 효율적으로 이용할 필요가 있다.

19
바이러스를 예측하고 차단하다

전염병에 대응하기 위한 선제적인 조치는 빅데이터와 AI로부터 나온다. AI를 활용하여 집단 감염이 발생할 위험 지역과 발생 규모를 예측하여 국민들에게 알릴 수 있기 때문이다. 감염병 확산 예측 기술은 복잡한 수학 알고리즘을 기반으로 출발했다. 여기에 각국의 인구통계, 교통·통근, 의료보건자료 등의 빅데이터를 활용해 예측의 정확도가 점점 더 개선되고 있다.

캐나다 스타트업 블루닷(BlueDot)은 지난 2019년 12월 31일 전염병이 확산할 것이라는 보고서를 발간하며 코로나19 확산을 예측해 화제가 됐다. AI를 활용하여 65개국 뉴스와 전 세계 항공 티켓팅 데이터, 동식물 질병 데이터 등을 수집하고 분석하여 코로나19가 우한에서 방콕, 서울, 대만 등으로 확산한다고 내다본 것이다. 이미 블루닷은 2014년 에볼라 바이러스, 2016년 브라질 지카 바이러스의 확산도 예측한 바 있다.

앞으로는 기후 변화와 같은 환경적 요소를 비롯해 지역 이동 등 개인적 요소의 변수가 더 다양해지고 복잡해질 가능성이 크다. 특히 개인이 언제 어디로 이동해 어떤 활동을 할지는 쉽게 추적하고 예측하기 어렵다. 이 때문에 예측의 정확성을 높이기 위한 데이터 자원으로 SNS가 주목받고 있다. SNS를 통해 수집 가능한 개인·임상·여행·소셜 데이터와 가족력 및 생활습관을 결합·분석할 경우 개인별 위험 프로파일과 건강 결과 예측 정확도를 높일 수 있다.

다만 전염병 예방을 위해 개인정보를 어디까지 활용할 수 있는지에 대해선 여전히 의견이 분분하다. 또한 신종 전염병의 경우 발생과 확산을 예측하는 데 있어 충분한 역학 관계를 증명할 데이터가 아직 부족하기에 어디까지나 정책 결정의 보조 수단으로 활용해야 한다는 의견도 있다.

이 같은 우려에도 AI의 예측을 토대로 전염 가능성이 큰 위험 지역에서 선별적으로 유입을 차단하려는 시도는 이어지고 있다. 특히 팬데믹 상황에서는 단순히 국가 내 감염뿐 아니라 국가와 국가 사이에 이동을 통한 감염에 어떻게 대응할지가 중요하다. 감염병에 대응하기 위해 국제협력 네트워크를 구축하는 것이 새로운 과제로 떠오른 이유다.

자연스레 AI를 통해 전염병 발병지역, 노출 현황 등 각종 데이터를 분석하는 시도가 이어지고 있다. 방문지역의 전염병 위험 정도에 관한 정보를 제공하고 전염병 확산 국가로 방문했을 경우 국가관리기관에 통보해 방문자를 관리할 수 있도록 하는 것이다.

국내 KT도 2019년 아프리카 케냐와 협력해 '글로벌 감염병 확산방지 플랫폼(Global Epidemic Prevention Platform, GEPP)'을 구축한다. 사용자가 감염 위험 지역에 갔을 때, GEPP를 통해 전염병 위험 정도를 알람 메시지로 전송하고 있다.

20
더 빠르고 정확하게 진단하다

각 국가의 의료 인력과 장비 등 의료 시스템은 제한적일 수밖에 없다. 이에 AI는 감염병을 진단하고 치료하는 현장에서도 위험요소를 줄이고 효율적 업무를 가능하게 하고 있다. 코로나19 사태를 겪으며 각 국가는 한정된 의료 자원으로 어떻게 감염병에 장기적으로 대응할 수 있는지를 고민하게 됐다.

AI는 이런 고민을 해결해줄 수 있는 가장 효과적인 수단으로 떠올랐다. AI를 통한 감염병 진단과 판단은 의료진의 업무 부담을 크게 줄여주었으며 지능형 로봇과 드론은 진단 과정에서 불가피했던 대면 접촉을 최소화하며 의료 인력의 감염 위험성을 떨어뜨렸다.

현재 각국의 다양한 업체들은 AI로 CT나 X-레이 영상 등을 보다 신속하고 정확하게 판독해 코로나19 감염 여부를 진단하고 있다. 중국 알리바바의 경우에는 5,000명의 코로나바이러스 환자로부터 얻은 데이터를 기반으로 흉부 CT 촬영에서 코로나바이러스를 검출할 수 있는 AI 시스템을 개발했다. 알리바바는 이 시스템으로 기존에 전문가가 하면 15분이 소요되는 작업을 20초 안에 96%의 정확도로 판독할 수 있다고 주장했다.

이스라엘 기반 의료기술 스타트업인 '카훈(Kahun)'은 의료진의 신속한 결정을 지원하기 위해 코로나19 진단 도구인 'Kahun knowledge graph'를 출시했다. 이 무료 AI 엔진은 의학도서관인 '펍메드(PubMed)'에서 제공한 2,000개 이상의 논문 등을 기반으로 환자가 위급 단계로 넘어갈 위험이 높은지 여부를 결정할 수 있게 해준다.

미국의 매사추세츠 대학(UMass Amherst) 연구진은 사람의 기침 소리를 분석하여 바이러스성 호흡기 질환의 잠재적 확산 가능성이 있는지를 평가하는 AI 장치인 플루센스(FluSense)를 개발 중이며, 네덜란드의 델프트 대학 연구진은 흉부 X-레이 영상으로부터 코로나19를 진단하는 'AI 모델(CAD4COVID)'을 발표했다.

한국의 씨젠은 코로나19 진단 키트 개발 과정에 AI를 활용하여 개발 기간을 2주 내외로 단축해 진단키트 '올플렉스'를 개발했다. 뷰노와 JLK인스펙션은 AI를 활용하여 수초 안에 X-레이를 판독함으로써 확진자의 폐 질환 여부를 확인할 수 있는 기술을 개발했다. 이는 '뷰노메드'는 엑스레이, CT 사진과 같은 영상 의료 정보와 생리학적 신호 데이터, EMR 등의 진단기록을 종합적으로 통합 분석해 질병의 유무를 진단하는 데 도움을 준다.[26]

루닛이 개발한 AI 소프트웨어 '인사이트 CXR'은 흉부 X-레이 사진을 수 초 안에 분석해 국내외 코로나19 진단을 돕는다. 코로나19 증상은 환자마다 다르게 나타날 수 있기 때문에 이전 환자에 대한 관찰 데이터를 기반으로 기계학습을 활용하여 각 환자를 위한 맞춤형 치료 과정을 개발할 수 있다.

21
사람을 대체해 감염병에 맞서다

AI 기술을 활용한 로봇과 드론이 의료 현장에서 사람을 대체하는 작업도 이뤄지고 있다. 로봇과 드론을 소독, 운반 등에 활용하여 의료현장을 효율화하고 있으며 컴퓨터 비전 알고리즘을 사용해 공공장소에서 발열 검사를 수행하고 있다. 대면 접촉에 따른 국민의 불안감을 해소하고 AI 원격 진료를 통해 의료진의 감염 위험 축소 및 현장 대응 효율성을 강화하기 위해서다. 코로나19 대응에서 감염된 환자와 감염되지 않은 사람 사이의 접촉을 줄이는 것이 최우선이 된 만큼 보건 종사자 및 의료진이 직접 했던 절차의 일부를 자동화 또는 무인화하면서 위험성을 줄이려는 노력이 진행되고 있다.

코로나19 증세를 확인하기 위한 주요 절차 중 하나는 발열 검사인데 체온계를 재는 기존 방법으로는 의료진과 의심환자의 접촉이 불가피하다. 이를 위해 중국 바이두(Baidu)는 컴퓨터 시력과 적외선 센서를 장착한 카메라로 공공장소에서 사람들의 체온을 측정하고 있다. 대만 어드밴텍(Adventech)의 AI 정찰로봇 역시 중국 주요 공항과 쇼핑몰 현장에 투입돼 마스크 착용 여부나 체온을 확인해 코로나 감염증 확산을 방지하고 있다. 멸균 소독에도 AI가 활용되고 있는데 미국 LA 소재 '다이머 UVC 이노베이션스(Dimer UVC Innovations)'는 LA국제공항 등 미국 공항에 항공기용 멸균 로봇 '점팔콘(GermFalcon)'을 무상 제공하고 있다. 우리나라의 경기도 김포, 성남, 수원 등 일부 지자체들은 코로나19 방역에 드론을 적극적으로 활용하고 있다.

코로나19 확산을 막기 위해 확진 판정을 받은 환자들을 격리 조치한 뒤 이들을 대면하지 않고 음식을 전달하는 것 또한 하나의 과제가 되었다. 중국 케이터링 사업자인 푸두테크놀로지(Pudu Technology, 普渡科技)는 격리된 환자에게 음식과 약품을 제공하기 위해 40개 이상의 병원에 자율 서비스 로봇을 배치했다. 음식뿐 아니라 의약품 운반에도 AI가 활용됐다. 중국 심천에 소재한 기술 기업인 마이크로멀티콥터(MicroMultiCopter, MMC)는 드론 배치를 통해 의료 샘플과 검역 자재를 수송하고 있다. 미국 140곳 이상의 의료기관에서 에톤(Aethon)사의 자율운반 '터그(TUG) 로봇'을 이용해 의료시설 내 의료품 운반에도 활용하고 있다.

하지만 코로나19 대응에 있어 AI의 가장 핵심적인 역할은 바로 원격 진료다. 미국 워싱턴주 에버렛(Everett)의 '프로비던스 지역 메디컬 센터'에서는 환자 진단 과정에 '비치(Vici)'라는 원격 진료 로봇을 활용해 의료진이 환자와 대면하지 않고도 환자 검진이 가능하다. 시애틀의 의사들도 감염된 사람들에게 의료진이 노출되는 것을 최소화하기 위해 로봇을 사용해 환자를 원격 진료하고 있다. 또한 알리바바 그룹의 헬스케어 플랫폼인 '알리바바 헬스(阿里健康)'는 중국 본토뿐만 아니라 해외에 거주하는 중국인들에게도 무료 온라인 원격 진료 서비스를 제공하고 있다. 국내 명지병원도 미국 인터치헬스(Intouch Health)가 개발한 'RP-Lite V2' 로봇을 1차 선별 진료소에 설치해 원격 진료에 활용하고 있다.

22
의료 자원을 최적화하다

전염병이 폭발적으로 확산하는 상황에서는 의료 자원 관리를 얼마나 최적화하는지가 중요하다. 전염병이 의료 인프라를 압도하는 상황에서 최적의 희소 자원의 배분에 따라 감염병에 얼마나 장기적으로 대응할 수 있는지가 결정되기 때문이다.

진단과 치료를 위한 의료 인력뿐 아니라 특수 격리 병실인 음압병상, ICU 병원침대와 같은 의료 시설, 인공호흡기, 마스크, 방호복 등 의료 장비를 필요한 곳에 적절히 사용하는 것이 가장 중요하다. AI를 결정 과정에 활용하면 중요한 의료 자원에 대한 수요 공급을 정확히 예측하고 자원 공급의 우선순위 기준을 가장 합리적으로 책정해 의료 자원 배분을 최적화할 수 있다.

미국에서는 IBM의 인공지능 '왓슨'이 빈번하게 발생하는 응급상황과 출동 요청에 대한 우선순위를 자동으로 매기고 대응하고 있다. 인공지능을 응급 의료 서비스에 우선 적용해 최적의 대처 방안을 제안하는 것이다. 중국 화중과학기술대학교 연구원들은 코로나19 확진자의 생존 가능성을 예측하기 위한 예측 알고리즘을 개발했다. 생존 가능성을 토대로 집중 치료 여부 및 치료방법을 결정하고 의료 자원 할당과 활용 계획 수립에 참조하고 있다. 국내 대한의사협회는 코로나19 관련 정보를 제공하는 'KMA 코로나 팩트' 앱을 출시했다. 이를 통해 전담병원 구축부터 방역, 의료물자, 인력 등 자원의 효율적 배분과 실시간 정보제공을 위한 빅데이터 분석을 수행하고 있다.

23
감염병 확산 막는 파수꾼으로

감영병 확산을 막기 위한 이동 경로 추적, 자가 격리자 관리 등에도 AI는 핵심적 역할을 하고 있다. AI를 통해 일반 시민의 사회적 거리 두기 준수 여부를 감지하고 나아가 바이러스 확산의 사회적 위험요소 파악까지 가능하다.

특히 확진자 이동 경로 추적은 확진자 간 네트워크 구조를 파악하게 해준다. 방역당국이 경로를 얼마나 추적할 수 있느냐가 방역 조치의 효율성을 결정한다고 할 수 있는 이유다. 또한 이를 통해 얻은 데이터를 시각화해 국민들에게 신뢰성 있는 정보를 제공하면 감염병 확산으로 인한 국민의 불안감도 해소할 수 있다.

코로나19가 번진 상황에서 실제로 활용 사례들이 나타났다. 국내에서는 질병관리본부가 신용카드 기록, CCTV, 모바일 위치 정보, 대중교통 카드 기록 등 확진자에 대한 빅데이터를 활용하여 감염 경로를 추적할 수 있는 다양한 앱이 개발됐다. 러시아에서는 감염자를 추적하고 이동을 통제하기 위해 앱과 긴급대응(Quick Response) 시스템을 결합했다. 미국 보스턴어린이병원(Boston Children's Hospital)이 운영하는 실시간 세계보건지도 '헬스맵(Healthmap)'은 질병패턴을 분석하고 환자 정보를 이용해 바이러스 발생지역 또는 감염범위를 식별한다. 또한, 감염병의 글로벌 현황과 인간과 동물의 건강에 끼치는 영향에 대한 포괄적인 정보를 제공하고 있다.[27]

핵심 방역조치 중 하나인 자가격리자 관리에도 AI 기술이 사용되고 있다. AI 음성비서 기술이 코로나19 의심환자나 자가격리자의 상태를 확인하고 관리한다. 중국 상하이 보건당국은 코로나19 의심환자 조사에 AI 음성비서 기술을 이용하여 개인 신원이나 건강 상태를 질문해 정보를 수집하고 있다. 그리고 이 대상자 답변을 토대로 14일 동안 자가격리를 시키거나 검역소로 안내하고 있다. 국내에서는 네이버 클로바(Clova)의 AI 음성로봇이 경기 성남시의 코로나19 능동 감시자에게 하루 2회 자동으로 전화를 걸어 발열과 호흡기 증상 등을 확인한다. 이렇게 AI는 코로나19 의심환자를 관리하는 행정 부담도 줄이고 있다.

24
사회적 거리 두기를 감시하다

전염병 확산을 막기 위한 사회적 거리 두기가 적극적으로 권장되고 있지만, 방역당국이 이를 모두 감시하고 관리하기에는 한계가 있다. 그래서 이 과정에도 AI가 적극적으로 활용되고 있다. 사회적 거리 두기를 자율적으로 준수하도록 영국, 미국, 이스라엘, 호주 등에서 AI를 활용한 공공장소 모니터링을 시행하고 있는 것이다.

영국 옥스퍼드 시에서는 공공장소를 스캔하는 AI 기반 컴퓨터 비전 카메라 시스템으로 시민들이 정부의 사회적 거리 두기 규범을 준수하는지 감시하고 있다. 미국의 컴퓨터 비전 스타트업은 카메라 이미지를 사용하여 사회적 거리 두기 규범이 침해되는지를 감지하고, 침해 시 바로 경고를 보내는 사회적 거리 두기 감지 소프트웨어를 제공하고 있다. 이스라엘 정부는 감염될 가능성이 있는 사람들을 식별하고 격리하기 위해 보안기관의 사이버 모니터링을 승인했으며, 호주의 서부 주에서는 경찰이 사회적 거리 두기 실천 여부를 점검하기 위해 드론 배치를 계획하고 있다.

AI는 단순히 현재 벌어지는 사회적 거리 두기를 감시하는 것에서 나아가 코로나19 등 감염병을 확산시키는 사회적 위험요소를 파악하는 데도 활용되고 있다. 기계학습 알고리즘을 사용하여 바이러스를 확산하는 사회경제적, 환경적 위험 요소를 파악하는 것이다.

미국의 임상 AI 전문업체인 제이비언(Jvion)은 'COVID Community Vulnerability Map'라는 무료 공개 도구를 출시했다. 바이러스 감염 시 환자를 더 큰 위험에 처하게 하는 사회경제적 및 환경적 요인을 식별하는 것이다. 다른 연구에서와 마찬가지로 이 기계학습 알고리즘은 노후 및 만성 질환을 주요 위험 요소로 보고, 나아가 장거리 통근, 대학 기숙사와 같은 밀집 주거지역 거주, 공개행사 참석 및 직접 쇼핑 등 사회적 위험 요소를 찾아낸다. 이러한 'SDOH(Social Determinants of Health)'는 프라이버시 법과 규제의 적용을 받는 개인의 건강정보보다 얻기 쉽다는 장점이 있다.

25
코로나19 신약 경쟁에 뛰어들다

코로나19 시대의 종말은 결국 백신과 치료제 개발에 달려있다. 신약과 백신 개발은 AI의 활용도가 가장 주목받는 분야이기도 하다. 그만큼 각국과 글로벌 기업들이 코로나19 신약과 백신 개발을 위해 경쟁적으로 투자하고 있다.

AI는 백신과 치료제 개발에 사용되는 바이러스 단백질 구조 분석을 더욱 빠르고 효율적으로 진행해 임상에 드는 시간과 비용을 절약시킨다. 바이러스성 단백질 구조를 파악해 백신 및 치료제의 성분을 제안하는 것은 물론 의학연구진들이 신속하게 수만 건의 관련 연구 논문을 스크리닝하는 것을 돕는 중요한 조력자 역할을 수행하고 있다. 백신과 치료제를 개발하는 작업은 최대 12년이 소요될 정도로 길고 10억 달러 이상의 비용이 들 정도로 비싸지만, AI를 활용하면 상당한 시간과 비용을 줄일 수 있다.

이미 여러 조직과 기업에서 AI를 활용하여 코로나바이러스 백신을 찾기 위한 경쟁에 참여하고 있다. 구글은 AI 자회사 '딥마인드

(Deepmind)'의 의료용 AI '알파폴드(AlphaFold)'를 투입하여 코로나19 치료법을 개발하고 있다.

미국 아톰와이즈(Atomwise)는 인공지능시스템 '아톰넷(AtomNet)'에 약물 설계를 위해 세계 최초로 심층신경망인 CNN(Convolutional Neural Network)을 적용하고 AI 세계 최대 약물후보 스크리닝 프로그램을 개발했다. 아톰와이즈는 AI 기술을 접목한 신약후보 물질을 발굴하기 위해 국내 업체 브릿지바이오와 공동 연구협약을 체결했다.[28]

인공지능 기반 신약개발 회사인 영국의 베노볼런트AI(BenevolentAI)는 코로나19의 잠재적 치료제로 알려진 바리시티닙(Baricitinib)에 대한 임상시험 3단계 진입을 발표하기도 했다. 영국의 스타트업인 엑시엔타(Exscienta)는 2020년 1월 인체실험에 들어간 AI 설계 약품 분자를 발표했는데 전통적인 연구방법에 소요되는 시간은 평균 5년이지만 알고리즘이 분자구조를 개발하는 데는 총 1년밖에 걸리지 않았다.

호주 플린더스 대학교 연구진은 AI, 첨단 제조 및 클라우드 컴퓨팅을 포함한 최신 기술을 확인하여 코로나19 백신 후보를 개발하고 테스트를 진행하고 있다.

국내에서는 디어젠이 AI 분석을 통해 HIV(인간면역결핍바이러스) 치료제가 코로나19에도 효과가 있음을 밝혀냈다. 또한 AI 모델 'MT-DTI'를 이용해 약물-단백질 상호작용 예측 알고리즘을 활용한 치료효과를 예측해 코로나19 바이러스 치료 가능성이 높은 신약후보 물질을 발굴하고 있다.[29] 아론티어는 신약후보 물질을 발굴하기 위한 AI 플랫폼인

AD3 플랫폼을 구축해 신약 개발을 가속화할 가능성을 인정받았다.[30] 세계 최초 AI 상장기업인 신테카바이오는 코로나19에 치료 효과를 낼 것으로 예상되는 후보 약물 30종 중 가장 효과가 있을 만한 최종 1종을 발굴해 용도특허를 출원하기도 했다.[31] SK바이오팜은 국내 최초로 AI 기반 약물 설계(Drug Design) 플랫폼을 개발했다.[32]

신약 개발 외에도 AI를 연구해온 기업들은 의료계에 대한 전반적인 지원도 이어가고 있다. 마이크로소프트는 AI와 ML 서비스, Azure 클라우드를 연구원 및 기타 공중 보건 단체에서 사용하도록 개방하고 있다. ML과 Azure를 활용해 면역 반응 특징의 정확성을 실시간으로 향상하고 업데이트하고 있다. 이 데이터는 공개 데이터 액세스 포털을 통해 전 세계의 모든 연구원, 공중 보건 공무원 또는 조직이 자유롭게 이용하도록 하고 있다. 또한 미국 질병 통제 및 예방 센터의 평가로봇을 Azure에서 제공할 수 있도록 개방했다.

이밖에 구글은 '알파폴드(AlphaFold)' AI 시스템을 활용하여 코로나 치료법 개발에 AI를 활용하고 크라우드 소싱 플랫폼을 제공해 대응 아이디어를 고민하는 장을 마련했다. 참가자들의 코로나19 대응책 아이디어를 심사하는 이른바 '코로나19 AI 데이터베이스 챌린지(CORD-19)'를 추진해 코로나 관련 논문 2만 9,000건 전문을 공개한 것이다. 그뿐만 아니라 코로나19에 따른 생활양식 변화에 발맞춘 화상회의 플랫폼도 제공하고 있다.

알리바바도 코로나 대응을 위해 전 세계 의료진 대상 클라우드 기반

인공지능 플랫폼을 제공하고 있다. 자연어 처리 기반 '스마트 전염병 로봇' 시스템을 구축했으며 질병 확산 예측 솔루션, CT 분석 솔루션 등 5개 플랫폼을 중국을 포함한 전 세계에 제공하고 있다.

Beyond Sapiens

Chapter 5

AI 패권전쟁, 누가 주도할 것인가

AI가 '황금알을 낳는 거위'로 알려지면서 AI 기술을 선도하기 위한 주요 글로벌 기업들의 경쟁은 점점 치열해지고 있다. AI 기술 경쟁력이 앞으로 자국의 경쟁력으로 직결된다는 점에서 AI 강국의 위상을 차지하기 위한 주요국의 경쟁도 마찬가지로 뜨거워지고 있다.

지금까지 Sapiens 시대의 패권은 확실히 산업혁명을 선도적으로 이뤄낸 미국을 필두로 한 서구 국가들의 차지였다. 자연스럽게 AI 분야에서도 G2로 떠오른 미국과 중국이 가장 앞서나가고 이를 유럽과 한국, 일본 등이 서둘러 뒤쫓는 모양새다. 하지만 AI 혁명은 아직 초반부이기 때문에 어느 국가가 최종적으로 주도권을 잡을지 여부는 미지수다. 이번 장에서는 투자, 인재육성, 특허, 기술 발전 등 다양한 측면에서 AI 전쟁을 벌이고 있는 여러 국가의 현재 상태를 살펴보자.

국가 간 경쟁만큼, 아니 그보다 더 치열한 AI 경쟁을 벌이는 곳들이 있다. 바로 기업이다. 불과 11년 전인 2009년 글로벌 시총 TOP10 기업 중 IT 기업은 단 1곳(마이크로소프트)에 불과했지만, 그로부터 10년 뒤인 2019년에는 7곳이 이름을 올리고 있다. 그나마도 1위부터 5위까지는 모두 IT기업(애플, 마이크로소프트, 알파벳, 아마존, 페이스북)이 차지했으니 더욱더 무서운 성장세다. 그리고 이들은 막강한 AI와 빅데이터 자원을 활용해 전 세계의 산업 구조를 재편하고 있다. Beyond Sapines 시대를 향해 가장 빨리 움직인 국가와 기업들이 만들고 있는 AI 경제는 과연 어떤 모습일까.

1
미국의 AI 이니셔티브 전략

지난해 2월 미국 트럼프 대통령은 AI 분야의 글로벌 리더십 유지 및 강화를 위한 국가 전략 프레임워크로 '미국 AI 이니셔티브(The American Artificial Intelligence Initiative) 행정명령'에 서명했다. 이름에서 볼 수 있듯이 이 행정명령은 AI 부문에서 미국의 세계적 리더십을 유지하기 위한 전략으로, 크게 5가지 분야로 나눠볼 수 있다.[33]

표 4 미국 AI 이니셔티브 주요 내용

구분	설명
연구 개발	정부기관들에게 AI 분야에 대한 우선 투자와 기관별 AI 연구개발 지출에 대한 개선안 요구
인프라 개방	시민들이 정부의 데이터, 알고리즘, 컴퓨팅 시스템에 접근할 수 있도록 개방
거버넌스 표준	인공지능 시스템 개발 지침 및 기술표준 개발
인력	펠로우십 및 연수프로그램, STEM 교육 확대 등
국제적 참여	미국의 기술적 우위와 이익을 유지하면서도 타국과의 협력을 이어가는 섬세한 외교 정책 마련

이 5가지 중에서도 가장 중심이 되는 부분은 AI 연구개발(R&D)투자

다. 오바마 정부에서 발표했던 '국가 AI R&D 전략'을 트럼프 정부에서 3년 만에 개정해 발표한 것이다. 비록 정권은 바뀌었을지언정 AI에 대한 미국 정부의 관심은 여전히 높다는 사실을 보여주는 대목이다. 이 R&D 부문은 다시 8개 전략으로 나눠진다.

① 장기적인 AI연구투자: 데이터/인지/이론/범용AI/확장AI/인간형 AI/로보틱스/하드웨어를 중심으로
② 인간과 AI의 협업: 인간 인식 AI/인간 능력 증감/자연어처리/인터페이스 및 시각화를 중심으로
③ AI 개발의 윤리적, 법적 사회적 영향
④ AI 개발에 따른 안전 및 보안
⑤ AI 개발을 위한 데이터셋 및 환경
⑥ 표준 및 벤치마킹
⑦ AI 인력개발
⑧ 민관 파트너십

이는 기존 전략에서 '민관 파트너십'을 추가한 것이다. 즉, 과거와 달리 정부가 독자적으로 AI 개발을 진행하는 대신에 학계, 산업계, 해외 파트너 및 비연방 기구들과의 협업을 통해 지속적인 AI R&D 투자 확대 및 R&D 성과의 상업적 활용 기회를 촉진하겠다고 밝힌 셈이다.

또한 연방부처에 AI 관련 R&D와 어플리케이션 개발을 위해 고성

능 컴퓨터와 클라우드 컴퓨팅 자원을 확보할 것을 요청하기도 했다. 이에 따라 뉴런의 형태를 모방한 회로를 만들어 인간의 뇌 기능을 모사하는 뉴로모픽 컴퓨팅 설계나, 머신러닝 하드웨어 가속기, AI 프로세싱을 위한 병렬 아키텍쳐 연구 등 다양한 분야의 연구 자원 확충이 이뤄지고 있다.

무엇보다 연방정부의 인프라를 시민들, 특히 AI R&D 전문가, 연구자, 산업계에 개방하기로 했다는 부분도 눈여겨 볼만하다. 데이터가 연방정부만의 것이 아닌 시민 모두가 누려야 하는 공공재라는 점을 공식적으로 인정한 것이다. 현재 미국 연방정부들은 데이터 관리와 보호를 위해 프라이버시 보호 및 공적 신뢰를 유지하고 기밀 데이터에 대한 적법한 접근권 제공과 관련된 권한, 역할, 조직 구조, 정책 및 자원을 확보하고 있다.

이를 통해 미국은 정부와 민간 영역이 공공의 파트너로서 함께 AI 발전을 이끄는 긍정적인 청사진을 그려볼 수 있게 됐다. 정부는 양질의 데이터, 거대한 자본, 인프라를 제공하고 민간은 창의적이고 신선한 비즈니스 모델로 공공의 자원을 최대한 활용하겠다는 계획이다. 미국 행정부는 다음과 같은 3대 원칙을 세우고, 개방을 통한 민간과의 협력을 시작하기로 했다.

표 5 데이터 인프라 개방을 위한 '연방 데이터 전략' 추진 3대 원칙

3대 원칙	내용
윤리적인 거버넌스	- 윤리 준수: 연방 데이터 관행의 공익적 가치 보호를 위한 모니터링과 평가 활동 추진 - 책임감 있는 데이터 활용: 데이터 보안 관행, 개인 프라이버시 보호, 기밀성 유지 및 데이터에 대한 적절한 접근성과 활용을 위한 효과적 거버넌스 - 투명성 촉진: 공공 신뢰 증진을 위해 연방 데이터의 목적과 활용을 구체화하며 데이터 제공자와 이용자에게 절차와 제품에 관한 포괄적 정보 제공
의미 있는 설계	- 적절성 담보: 데이터의 정확성, 객관성, 접근성, 유용성, 이해 가능성 및 시의성 등을 검증하여 데이터 품질과 신뢰를 강화 - 기존 데이터 활용: 연구·정책 수요가 있는 데이터를 식별하고 기존 데이터 활용 촉진 - 미래 사용: 다른 사용 목적과 재활용 등을 고려한 치밀한 데이터 프레임워크 구축 - 반응성: 사용자와 이해당사자들로부터의 지속적인 피드백으로 데이터 수집, 분석 및 배포 과정 개선
문화 학습	- 학습에 투자: 데이터 인프라, 인적자원 투자와 함께 데이터에 관한 지속적인 협업 학습 문화 촉진 - 데이터 리더십 개발: 데이터의 가치에 관한 훈련과 개발 투자를 통해 연방 모든 계층에서의 데이터 지도자 양성 - 책임성 실천: 책임 할당, 데이터 관행 감사, 결과에 대한 문서화와 학습 및 필요한 변화 단행

이러한 원칙은 거버넌스의 표준 설정, 전문 인력 확대, 국제적 참여 확대 등의 방안을 통해 안정적이며 견고하고 신뢰할 수 있는 AI 기술 개발 촉진을 위한 연방정부의 중장기 AI 개발 활동 안을 제시한 것이다.

이에 따라 연방정부는 AI 표준화를 통해 AI를 개발하거나 활용하는 부처들 간의 협력을 촉진하고, AI 시스템 자체의 신뢰성에 관한 중점적인 연구를 추진한다. 또한 민간에서도 표준화된 AI 개발 및 전개가 이뤄질 수 있도록 민관 파트너십 지원을 확대한다.

백악관을 중심으로 노동자, 구직자, 학생 등 다양한 이들을 위한 AI 교육 프로그램도 확대할 예정이다. 노동 정책과 STEM(Science, Technology, Engineering, Mathematics) 교육 정책을 각각 총괄하는 국가노동자위원회와 국가과학기술위원회가 실무 역할을 맡는다.

각 정부 기관도 다양한 교육 프로그램을 가동 중이다. NASA는 학생들이 NASA가 보유한 각종 AI 콘텐츠를 경험할 수 있게 하는 NASA STEM Engagement(2019년 예산 1억 1,000만 달러)를 진행 중이다. NASA는 그동안 프론티어개발연구소(FDL) 등의 기관을 통해 AI로 혜성 탐지, 태양 표면 폭발 등을 예측하는 작업을 해왔고 이러한 작업물들을 학생들이 체험할 수 있도록 허용하기로 했다.

이밖에도 각 정부 기관들이 장학금 등의 방안으로 교육 지원에 나서고 있다. 국립과학재단은 우수 석박사 과정생들을 대상으로 3년간의 연구 장학금을 지원하는 펠로우십(Fellowship) 프로그램을, 국방부는 STEM 국방 관련 박사학위 지원자를 대상으로 연구 자금을 지원하고 있다. 에너지부 역시 고성능 컴퓨팅을 활용한 박사 연구자를 지원하는 펠로우십을 운영하며 이후 에너지부 소속 연구소 등의 진출까지 지원하고 있다.

2
중국, 특허로 AI 패권을 겨냥하다

이세돌 9단과 구글 알파고의 대국은 인공지능(AI)의 위력을 실감케 한 사건이었다. 다만 우리는 직접적으로 이세돌과 알파고가 함께 마주 보고 앉아서 바둑돌을 두는 모습을 볼 수는 없었다. 당연한 이야기지만 알파고는 물리적인 로봇으로 개발된 것이 아니라 소프트웨어 AI로 만들어졌기 때문이었다. 알파고 대신 이세돌과 마주 앉아 알파고의 손발이 돼 바둑돌을 뒀던 사람은 딥마인드의 연구원 아자황(Aja Huang)이다(아자황은 바둑 소프트웨어 전문가로서 알파고 개발을 주도하며 알파고 탄생의 핵심 역할을 맡은 인물이다).

그런데 2020년 봄에 이르러 중국에서는 실제로 '바둑돌'을 쥐고 둘 수 있는 로봇이 등장했다. 두 개의 집게를 가진 이 기계는 회전 드라이버도 장착했다. 물론 인간이 조종하는 것이 아닌, AI를 탑재해 스스로 바둑을 둔다. 중국의 IT기업 텐센트(Tencent)가 2019년 12월 특허 출원하고 내친김에 제작까지 마친 '기계팔 장치와 스마트 바둑을 둘 수 있는 로봇'이 바로 그 주인공이다.

그림 1 기계팔 장치와 스마트바둑을 둘 수 있는 로봇

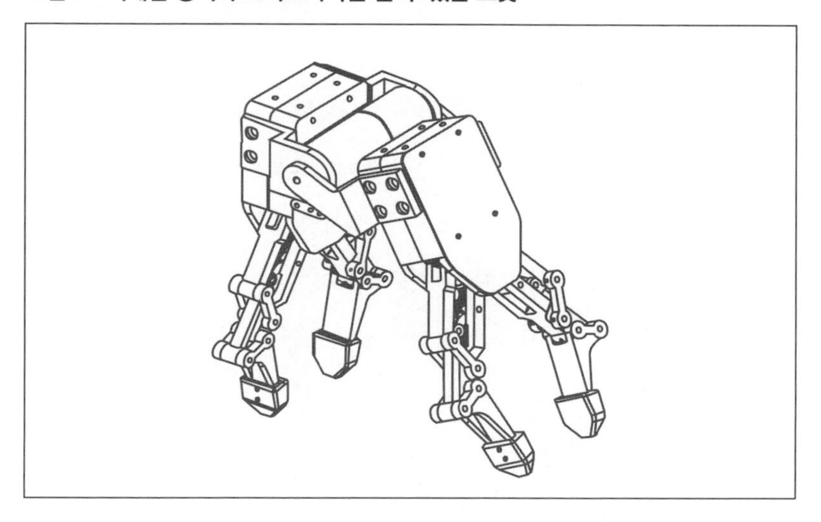

그동안 AI 산업 규모 등에서 미국에 1위 자리를 내주었던 중국은 장기적으로 미래를 내다보고 있다. 중국은 미래에 사용할 수 있는 기술력을 쌓기 위해 AI 특허 분야에서만큼은 세계 최정상을 차지하며 실력을 과시하고 있다.

실제로 중국 기업은 2019년까지 45만 건에 가까운 AI 특허를 출원했다. 바이두가 5,712건으로 가장 많은 특허를 출원했고, 텐센트(4,115건), 마이크로소프트 차이나,(3,978건), 인스퍼(3,755건), 화웨이(3,656)가 그 뒤를 이었다.

이 가운데서 바이두는 딥러닝(1,429개), 자연어 처리(938개), 음성인식(933개) 등에서 세계 최정상의 기술력을 갖추고 있는 기업임을 확인했다. 또한 지능형 운전 분야에서도 1,237건의 특허 출원을 했는데, 이는 웬만한 해외 자동차 회사들의 특허 수를 능가한 수치다.[34]

이 뒤에는 중국 정부의 '지원 폭격'이 있었다. 중국은 2020년 3월, 새로운 인프라를 만든다는 뜻의 '신기건(新基建)정책'을 선언하며 AI 등 IT 분야에 약 34조 위안(약 5,900조 원)이나 투자하겠다는 계획을 밝혔다. 대한민국 디지털 뉴딜 예산의 100배에 달한다.[35]

특허 기술의 기초가 되는 학술 분야 역시 많은 지원이 이뤄지고 있는 것은 마찬가지다. 실제로 지난해 중국에서 발표된 AI 관련 논문은 전 세계의 28%를 차지했다. 이는 미국은 물론이고, 유럽 전체에서 발표된 논문을 전체 다 합친 것보다도 많을 정도다. 논문의 영향력을 알아볼 수 있는 인용횟수는 아직 미국이 점유율 29%로 세계 1위였지만, 중국이 26%로 그 뒤를 바짝 뒤쫓기 시작했다는 점을 무시할 수 없다. 미국 비영리 조사기관 앨런AI연구소는 "2020년에는 상위 10% 논문, 2023년에는 상위 1% 수준의 논문에서 중국이 미국을 추월할 것"이라는 예측을 하기도 했다.[36]

지난 2017년 중국 정부는 2030년까지 미국을 넘어 세계 AI 혁신의 중심국가가 되겠다는 '차세대 AI 발전계획'을 내놨다. 이 계획대로라면 2030년 중국의 AI 산업 규모는 170조 원, AI와 관련된 각종 산업은 1,700조 원까지 성장할 것으로 전망된다.

한 특허전문가는 특허를 두고 "현재보다는 미래의 성장 동력을 가늠할 수 있는 지표"라고 설명했다. 물론 특허의 질에서 미국보다 떨어진다는 지적이 나오기도 하지만, 어쨌거나 중국을 세계에서 가장 강력한 AI 성장 동력을 지닌 국가라고 부를 수 있다. 미국이 꿈꾸는 그들의 지배하에 세계의 평화질서가 유지되는 'AI 팍스 아메리카나(AI Pax Americana)'가 그렇게 쉽지만은 않을 것으로 보이는 이유다.

3
영국, 유럽의 선두주자로 나서다

산업혁명을 선두에서 이끌며 한때 '해가 지지 않는 나라(Great Britain no time to lose)'로 불렸던 영국은 오늘날 4차 산업혁명에서도 앞서나가기 위한 준비에 박차를 가하고 있다. 비록 20세기 중반 이후 세계무대에서 과거보다 힘을 잃었던 영국이지만 '인공지능의 아버지'로 불리는 앨런 튜링(Alan Turing)을 탄생시킨 국가답게 유럽에서 AI 산업의 선두로 나서고 있다.

영국 정부는 2019년 6월 영국 디지털서비스청(GDS1)과 AI 사무국(OAI)을 통해 공공분야의 AI 활용과 확대를 목적으로 실무 수준의 지침을 선제적으로 발표했고, 이후에도 공공 분야에서의 AI 활용 사례를 지속해서 업데이트하고 있다.[37] AI를 활용할 수 있는 영역과 아닌 영역을 구분하고, 안전하고 윤리적인 사용을 위한 노력까지 기울이고 있는 것이다. 단순히 기술력을 확충하겠다는 의지만 보이는 것이 아니라 만들어진 기술을 어떻게 써야 하는지에 대해서도 국가적인 고민을 하고 있다.

표 6 영국의 공공분야 AI 활용 지침의 내용 구성

구성	세부 내용
AI 평가, 계획 및 관리 방법 지침	- AI에 대한 이해 - AI가 적합한 솔루션인지 평가하는 방법 - AI 적용을 위한 기획과 준비 - AI 프로젝트의 관리
AI의 윤리적이고 안전한 활용을 위한 지침	- AI 적용을 위한 기획과 준비
공공분야의 AI 활용 사례	- 공공분야 사례 연구(case study)

교육을 통한 인재 양성에도 투자가 착실하게 이뤄지고 있다. 영국은 지난 2017년에는 산업전략 정책백서에서 '인공지능 및 데이터 혁신'을 4대 도전과제 중 하나로 채택했다. 이후 세부전략은 2018년 4월 '인공지능 분야 민관합의'를 통해 구체화했다. 또한 정부 조직 내에 AI 청과 자문기관인 데이터 윤리혁신센터를 설립했다. 과학·기술·공학·수학(STEM) 교육과 AI 교육에도 10억 파운드(약 1조 5,000억 원)가 넘는 비용을 투자하고 있다.

AI 기술을 위한 인재와 정책이 마련된 다음에는 무대 조성이 연속적인 과제가 된다. 영국 정부는 전국의 몇몇 거점을 중심으로 AI 클러스터를 조성했다. AI 산업과 인재를 집중시키기 위한 전략이다. 가장 대표적인 곳이 런던 북동쪽에 위치한 테크시티(Tech-City)다. 오래된 창고와 공장이 있던 이 지역은 1만 3,000여 개의 AI 스타트업이 활동하는 가장 혁신적인 공단으로 변신했다. 알파고를 개발한 딥마인드 역시 이곳에 있다.[38]

이를 통해 영국은 AI 기업 육성과 인재 양성이라는 두 마리 토끼를 모두 잡았다. 현시점 세계에서 가장 많은 AI 대학(55개)을 보유한 나라가 바로 영국이다.[39] 유럽에서 가장 많은 AI 기업(529개)을 소유한 국가 역시 영국이다. 2위인 프랑스(424개)와도 그 차이가 100개가 넘는다. 단순히 양뿐만 아니라 질적으로도 무수해 기대감이 크다. 영국의 유니콘 기업 17개 가운데 11개 기업이 AI 기업이다.

20세기 중반 이후 서서히 내리막길을 걸었던 영국은 과연 과거의 영광을 되찾아올 수 있을까. 2019년 영국은 옥스퍼드가 평가한 AI 준비도 지수에서 싱가포르에 이은 세계 2위를 차지했다. 전문가들은 AI 산업 발전이 2035년까지 영국 경제에 1,000조 원에 가까운 추가 성장을 불러올 것으로 전망하고 있다.[40]

4
구글, 'AI 퍼스트'에서 '모두를 위한 AI'로

2018년 5월 열린 전 세계 안드로이드 개발자 포럼인 '구글 I/O 2018'에서 순다 피차이 (Sundar Pichai) 구글 CEO는 기조연설을 통해 구글의 전략이 'AI 퍼스트'에서 '모두를 위한 AI(AI for Everyone)'로 수정됐음을 선언했다. 단순히 AI 기술 개발을 통해 시장에서 수익을 내는 것에 그치지 않고, AI를 통한 사회 문제 해결에 적극적으로 나서겠다는 것이다. 2016년 모바일 퍼스트에서 AI 퍼스트로의 대전환을 외쳤던 구글이 2년 만에 AI 전략을 확장하며 자신들이 보유한 AI 기술을 어떻게 공개적으로 활용할지에 대한 3가지 방법을 제시했다.

먼저 AI를 이용해 기존 서비스의 활용을 간편하게 하는 것이다. 예컨대 AI 사진저장 클라우드 서비스 '구글포토'는 사용자가 올린 사진을 알아서 카테고리별로 정리한다. 구글의 'AI 번역기'는 굳이 온라인에 접속돼 있지 않더라도 사용할 수 있다. 증강현실을 목표로 하는 '구글렌즈'는 촬영한 이미지의 심층적인 정보를 자동으로 띄워준다. 이 모든 서비스를 무료로, 복잡한 조작법 없이 간편하게 사용할 수 있다.[41]

전문가가 아닌 일반인들도 딥러닝과 머신러닝을 할 수 있게 해주는 오픈소스 라이브러리 '텐서플로우(TensorFlow)'를 통해 혁신을 돕기도 한다. 데이터를 구글 클라우드에 업로드만 하면 AI 서비스를 구현할 수 있는 것이다. 방대한 데이터 처리는 구글이 자체 개발한 AI 전용 칩 'TPU 3.0'을 통해 이뤄지니 사용자는 걱정하지 않아도 된다. 이제 전문가가 아닌 일반 직장인도 자신들의 업무를 위해 머신러닝을 손쉽게 활용할 수 있게 된 것이다.

마지막으로 구글은 AI를 활용해 사회 문제를 해결하기 시작했다. 가장 대표적인 영역이 의료 부문이다. 구글은 이미 당뇨성 망막병증을 치료하는 AI 의사를 개발했다. 일반 안과의 수준을 뛰어넘었고 전문의 수준에 도전하고 있다. 또한 망막 이미지를 통해 성별이나 나이를 유추하고, 망막과 관련이 없어 보이는 심혈관계 위험도 예측한다. 기존 안과 전문병원에서는 기대할 수 없었던 서비스다.[42] 이 밖에도 구글은 AI를 이용해 전 세계 어선들을 추적해 어류 남획을 포착하는 프로젝트를 진행하는 등 분야를 가리지 않는 '사회적 AI 활동'을 하고 있다.

그렇다면 구글은 왜 수익과는 거리가 멀어 보이는 이런 착한 전략을 내세웠을까. 바로 AI에 대한 사회의 기술적, 심리적 장벽을 허물려는 것이다.

많은 이들이 이제 AI 시대로 접어들었다고 말하고 있지만, 정작 일상생활에서 AI의 활용률은 기대감만큼 높아지지 않았다. 심지어 일부 시민들은 아직 AI에 대한 막연한 공포심도 가지고 있다. 이런 상황에서 구글은 자신들의 비즈니스를 이용하여 "AI를 통해 사회적 문제를 해결하고 공익을 증진할 수 있다"고 선언하는 것이다.

구글은 이런 과정을 통해 전체 AI 시장의 파이를 계속해서 키워나갈 수 있다. 또한 시민들과 시장은 구글의 앞선 AI 기술을 중심으로 한 '구글 생태계'에 자연스럽게 편입된다. 실제로 지도를 기반으로 한 각종 데이터, AI 서비스는 이미 상당 부분 구글맵에 의존하고 있는 상황이다. 구글은 단순한 기업이 아니라 사회적 인프라를 목표로 삼고 있는 것이다.

"지금 당장 돈을 벌 수 있는 사업을 해라"라는 지시가 있었다면, 구글이 건설하고 있는 AI 왕국은 진작 무너져 내렸을 것이다. 단기적인 이익과 효율이 아닌 구글만의 기술을 바탕으로 독보적인 생태계를 만들어내는 것이 오늘날 구글의 AI 핵심 전략이다.[43] 시장을 활성화한 뒤에 버텨낼 수 있다는 자신감이 없다면 생각도 못했을 전략이기도 하다.

5
아마존,
AI 물류 시대를 주도하다

2020년 9월 미국 연방항공청(FAA)은 세계 최대 e커머스 업체 아마존의 드론 배송 서비스 '프라임 에어'의 운항을 공식 허가했다. 물론 아직은 시험단계고, 배송 가능한 무게도 제한된다. 하지만 제프 베이조스 아마존 CEO가 "드론이 고객 집 앞까지 날아가게 될 것"이라고 이야기한 지 7년이 지난 지금 현실로 성큼 다가온 것이다.

아마존 드론 서비스의 핵심 역시 AI다. 아마존은 일찌감치 지난 2017년 자사의 AI 플랫폼 '알렉사(Alexa)' 시스템을 탑재한 드론 기술을 미국 특허상표청에 등록했다. 드론과 고객 간에 소통할 수 있게 하는 기술이다. 배송지점에 사람이 너무 많으면 피해달라는 요청을 하기도 하고, 고객에게 상품도착을 알리기도 한다. 거꾸로 고객이 드론에 배송 연기나 변경 요청을 할 수 있다. AI를 통해 기계와 인간 사이의 대화가 가능한 것이다.[44]

그림 2 아마존의 드론 특허(US9747901) 도면

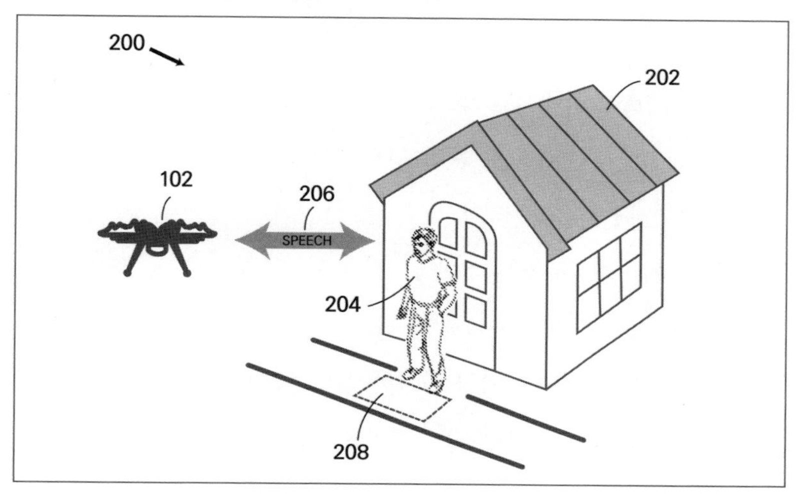

출처: 미국 특허청

상품을 집결시키고 배분하는 아마존의 물류센터 역시 AI를 이용해 혁신하고 있다. 축구장 60개를 합쳐놓은 크기의 물류센터에서 일하는 로봇 '키바(Kiva)'가 대표적인 예다. AI가 탑재된 키바는 드넓은 물류센터에서 고객에게 필요한 상품을 단 30분 만에 찾아낸다. 한 번에 들 수 있는 무게는 최대 340kg에 달하고, 이동속도는 사람의 빠른 걸음 수준인 7km/h를 유지할 수 있다.

키바가 도입된 뒤 아마존에서는 인간이 하면 90분이 걸리던 작업 시간이 15분까지 줄어들었다. 속도가 빨라졌을 뿐만 아니라 리프트가 탑재돼 있어 물건을 쌓는 높이도 50% 이상 증가해 공간을 보다 효율적으로 쓸 수 있다. 자연스럽게 운영비용이 총 20% 낮춰지는 긍정적 효과가 생겨났다. 현재 전 세계 아마존 물류창고에 45,000대의 키바가 일하고 있으며 앞으로 더 많은 키바를 도입할 예정이다.

물건을 나르는 일에서만 AI가 쓰이는 것은 아니다. 2014년부터 시작한 아마존의 예측 배송은 현대 AI의 가장 최첨단에 서 있다고 해도 과언이 아니다. 소비자들의 빅데이터를 분석한 AI가 물류센터마다 미리미리 상품을 배송해놓는 것이다. 말 그대로 주문이 들어오기도 전에 배송부터 시작하기 때문에 실제 상품 배송은 주문 이후 1~2시간 내 이뤄진다. 지금은 상품이 나가는 시간까지 예측해 물류센터에 상품을 효율적으로 배치해놓기도 한다. 바로 스마트 배치(Smart Placement)다.[45]

이처럼 단순한 물류기업에서 거대 IT, AI 기업으로 변신한 아마존은 남은 자원·인력에도 시선을 돌리고 있다. AI와 로봇으로 대체되고 있는 단순 노동 대신 인간만이 할 수 있는 일을 찾아주기 위해서다. 아마존은 약 7억 달러(약 8,000억 원)를 들여 직원 10만 명에게 재교육을 했다. 미국 내 아마존 근로자 3분의 1에 달하는 직원들이 대상이다. 단순 노동에서 더 필요 없게 된 인력들에 IT 분야 교육을 강화해 인터넷 서비스 개발, 고객 맞춤형 서비스 등에 재배치하겠다는 의미다.[46]

아마존을 중심으로 글로벌 물류를 운용하는 방식은 변화하고 있다. AI란 날개를 달면서 규모는 더 커지고, 속도는 더 빨라지고 있다. 특히 포스트 코로나 시대에 이런 경향은 더욱 두드러질 것이다. 이런 흐름 속에서 우리 인간은 어디쯤 위치해야 할까. 아마존의 행보에서 그 해답을 찾을 수 있을까.

6
바이두, 클라우드로 AI를 꽃피우다

지난 2017년에 열린 하계 다보스포럼에서 바이두의 장야친 총재는 "AI 시대에는 기존 클라우드 서비스를 넘어서는 ABC 클라우드가 필요하다"라고 밝혔다. ABC 클라우드란 AI와 빅데이터(Big Data)를 클라우드(Cloud)에 접목해 기존 클라우드보다 훨씬 더 효율적이고 스마트하게 서비스를 제공할 수 있는 클라우드를 뜻한다. 이 ABC 클라우드는 바이두 검색엔진의 핵심 기술이기도 하다.[47]

그로부터 1년 뒤 바이두는 클라우드 컴퓨팅 환경에 최적화된 AI칩 '쿤룬(KUNLUN)'을 선보였다. 딥러닝 전용 칩으로 만들어진 '쿤룬'은 과거 모델보다 처리속도가 무려 20배나 향상됐다. 초당 260TFlop/s(테라플롭스·초당 1조회 연산)의 처리속도와 메모리 대역폭당 512Gbps를 구현할 수 있어, AI 개발자들에게는 꿈의 칩이라고 불리기도 했을 정도다.[48]

앞선 AI 클라우드 기술을 바탕으로 2019년 바이두는 중국 AI 클라우드 서비스 시장에서 가장 높은 점유율을 차지할 수 있었다. 바이두 클라우드는 190만여 명 개발자들에게 250개 AI 서비스 기능을 개방해

하루 평균 1조 이상의 사용 횟수를 기록했다.[49] 이는 클라우드 시장의 전통적 강자였던 아마존(AWS)과 마이크로소프트(Azure)를 제쳤다는 점에서 의미가 크다. 미국 기업 대신 자국 기업이 만든 클라우드로 시장점유율을 확보할 수 있기 때문이다.

이 클라우드를 통해 바이두는 각종 AI 기술을 꽃피우고 있다. 2020년 9월 공개한 '5G 클라우드 대리운전'이 가장 대표적인 예다. '5G 클라우드 대리운전'은 자율주행 운행 중 발생하는 돌발 상황에서 AI가 안전요원을 호출하면 원격으로 차량을 제어하는 기술이다. 아직은 완전하지 않은 자율주행 기술을 실제로 상용화하기 위한 보조적인 방책이다. 이외에도 바이두는 스스로 주차하는 AI 주차 기능과 차량을 호출하는 기능도 선보였다. 바이두는 2025년에는 자율주행 차량을 전면 상용화하겠다고 선언한 상태다.

새롭게 출시한 바이두의 대화형 AI 스피커 '샤오두(小度)'와 AI 비서 '두샤오샤오(度晓晓)' 역시 이런 AI 클라우드를 기반으로 서비스한다. 고성능 대화형 AI가 실시간으로 처리하는 데이터 용량이 너무 커 전용 클라우드가 아니면 처리를 못하기 때문이다.

세계 클라우드 시장은 2017년 468억 달러에서 2020년 3,833억 달러로 3년 만에 8배 넘게 증가했다. AI의 발전은 필연적으로 데이터 처리의 폭증을 불러오며 이는 더 많은 클라우드의 수요로 이어지기 때문이다. 이미 3년 전 이 상황을 꿰뚫어 보고 있던 바이두는 현재 세계 정상의 자리를 노리고 있다.

7
마이크로소프트, AI의 윤리를 고민하다

지난 2016년 마이크로소프트는 트위터에서 실제 사람과 대화를 할 수 있는 AI 챗봇 '테이(Tay)'를 공개했다. 개발자가 직접 대화 내용을 입력해주는 과거의 챗봇 서비스와 달리 테이는 딥러닝을 통해 스스로 대화를 이어갈 수 있었다. 2016년 3월 23일 테이가 내뱉은 첫마디는 "Hello world"였다.

그림 3 마이크로소프트사가 개발한 챗봇 테이

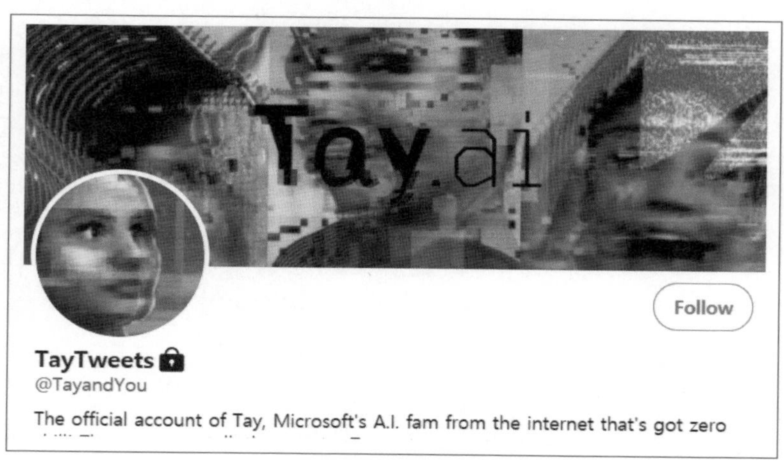

그러나 AI와 인간의 즐거운 대화가 이어질 것이라는 기대는 그리 오래가지 않았다. 테이가 이후 막말을 쏟아내기 시작했기 때문이다. "나치의 홀로코스트는 조작됐다." "히틀러가 옳았다." "페미니스트를 증오한다." 등 문제가 있는 발언들이 이어진 것은 테이가 공개된 후 단 하루도 되지 않은 시점이었다.

문제는 테이가 기존에 학습한 텍스트 데이터가 너무 적었다는 점이었다. 수많은 네티즌이 테이에게 부적절한 발언을 가르치는 악의적인 장난을 쳤고, 이를 학습한 테이가 부적절한 발언을 '정상적인 발언'으로 판단해버린 것이었다. 마이크로소프트는 결국 16시간 만에 테이의 서비스를 종료했다.

일반적인 회사였다면 직원 수십 명이 시말서를 쓰고, 담당자는 징계를 받을만한 사안이었다. 그러나 2014년 마이크로소프트의 CEO에 취임한 사티아 나델라(Satya Nadella)는 개발자들에게 다음과 같이 메일을 보냈다.

"계속 나아가세요. 여러분 뒤에 내가 있다는 사실을 기억하세요."[50]

마이크로소프트는 2017년 7월 테이의 실패를 반성하기 위해 AI 분야의 윤리적 난제 해결을 연구할 전문 조직인 'AI 윤리 위원회(AI and Ethics in Engineering and Research, AETHER)'를 신설했다. AI 윤리 위원회는 이른바 '책임 있는 AI 운용'을 목표로 Microsoft AI 원칙을 제정했다.

표 7 Microsoft AI 원칙

AI 원칙	내용
공정성	AI 시스템은 모든 사람을 공정하게 대해야 한다.
신뢰성	AI 시스템은 안전하고 신뢰할 수 있어야 한다.
개인정보 보호	AI 시스템은 개인정보를 보호하고 존중해야 한다.
포용성	AI 시스템에는 모든 사람이 참여할 수 있어야 한다.
투명성	AI 시스템은 모두가 이해할 수 있어야 한다.
책임성	사람이 AI 시스템의 책임을 져야 한다.

마이크로소프트는 2020년 3월 코로나19 바이러스에 최적화된 AI 챗봇 서비스 '헬스케어 봇'을 선보였다. 이 챗봇은 의료진에게 치료와 관련한 정보를 신속하게 제공하고, 시민들에게는 감염 의심자 증상을 판단하고 대처할 방법을 안내해줬다. 마이크로소프트가 윤리적이고 공익적인 AI를 치열하게 고민한 결과였다.[51]

'AI 윤리'는 앞으로 더 많은 문제와 토론을 불러올 것이다. 인간이 사라진, 기계가 스스로 움직이는 세상에서 윤리는 존재할까. 마이크로소프트는 AI 시대를 맞이하는 우리에게 실마리를 던지고 있다.

8
삼성, 지능화된 초연결사회

AI 산업의 패스트팔로워(Fast Follower)로 대한민국에서 가장 앞선 AI 기술을 보유하고 있는 기업은 역시 삼성이다. 삼성은 2019년 1월 세계 최대 전자 전시회(CES)를 통해 AI에 기반한 '일상 속 초연결 사회'를 제시했다. 우리 기업들이 꿈꾸는 AI 미래는 무엇이었을까.

삼성이 주목한 것은 '우리 곁의 AI'다. 거실과 주방, 다용도실 등 다양한 공간의 가구들이 IoT로 연결되고 이 연결망을 바탕으로 AI 비서 역할을 담당하는 플랫폼을 만드는 것이다. 당연히 원활한 의사소통을 위해서 대화형 AI 스피커가 인간과 AI를 연결해준다.[52] 이른바 '갤럭시 홈'이다. 또한 삼성은 집 밖, 모빌리티(자동차)와 비즈니스(직장)에서도 다양한 기기들을 연결해 AI 서비스를 제공하는 연결 사회를 제시했다.

다른 글로벌 플레이어와 비교를 해보자면 전통적으로 강세를 보였던 가전을 바탕으로 AI 시장에 도전장을 낸 셈이다. 이를 위한 투자도 아끼지 않고 있다. 2017년 11월 삼성 리서치를 출범해 산하에 AI 센터를 신설했다. AI 관련 선행 연구를 진행하는 조직으로 한국뿐만 아니라 미국과 영국 등 7개 나라에서 운영하고 있다.

AI 분야 세계적 권위자인 미국 프린스턴대(Princeton University) 세바스찬 승(H.Sebastian Seung) 교수, 코넬테크 다니엘 리(Daniel D. Lee) 교수를 채용하는 등 인재 영입에도 힘을 쓰고 있다. 세바스찬 승 교수는 삼성 리서치(Samsung Research)에서 삼성전자의 AI 전략을 수립하는 등 미래 성장 동력을 발굴하는 역할을 맡고 있고, 다니엘 리 교수는 차세대 기계학습 알고리즘과 로보틱스(로봇공학) 연구를 담당한다.

또한 삼성은 주력 사업인 메모리 반도체를 뛰어넘어 시스템 반도체 분야에서도 세계 1위를 유지한다는 야심을 드러냈다. 비메모리 반도체인 시스템 반도체는 AI의 핵심 기술 중 하나다. 삼성전자는 지난해 4월 2030년까지 시스템 반도체 분야 연구개발 및 생산시설 확충에 133조 원을 투자하고 전문 인력 1만 5,000명을 채용하겠다고 발표했다.[53]

이미 한발 앞서가고 있는 글로벌 AI기업들에 대응하기 위해 전통적으로 강세를 보였던 분야를 중심으로 AI 혁신을 이뤄내겠다는 전략이다. 2020년 8월 삼성전자 산하의 연구소가 AI를 이용한 번역 대회에서 1위를 차지했다는 소식이 들려왔다. 또한 국제적으로 권위 있는 AI 학회에 우수한 연구 결과를 발표하는 등 여러 성과가 나오고 있다. 이미 잘하는 것을 바탕으로 새로운 혁신을 이뤄낸다. 이는 어쩌면 우리나라 전체의 AI 전략으로도 고민해봐야 할 부분이 아닐까.

Beyond Sapiens

Chapter 6

AI토피아가 열리다

2021년 코로나19가 종식된 전 세계는 위기 탈출의 일등공신이었던 10년, 50년, 100년 뒤 AI의 미래를 예측해본다. 각국 정부는 다투어 AI 발전을 위한 정책 수립에 나섰고, 기업들도 더 많은 분야에서 AI를 도입했다. 사람들은 AI를 배우기 위해 책을 사고, 기업들이 무료로 제공하는 AI 툴을 직접 써보려는 사람들도 늘어났다. 세계적인 높은 관심 속에 글로벌 AI 시장은 2025년 3,671억 달러까지 성장하는 등 연평균 63.5%라는 놀라운 성장 속도를 기록했다.

지금으로부터 25년이 지난 2045년, AI는 모든 패러다임을 변화시켰다. 35만 년 전 시작된 사피엔스 시대가 드디어 막을 내리는 듯했다. 혹자는 이를 두고 AI토피아(AI+Utopia)라고 말하기 시작했다. 2045년, AI는 무엇을 얼마나 어떻게 변화시켰을까.

9
제조업 : 불량률 0%를 달성하다

18세기 시작된 산업 혁명의 핵심은 '기계의 발명'과 '노동의 분업화'였다. 좁은 집안에서 물레와 풀무 따위를 들고 한 땀 한 땀 이뤄지던 장인의 작업은 공장과 생산라인, 획일화된 노동으로 전환됐다. 거대한 톱니바퀴와 증기기관, 때 묻은 유니폼을 입은 노동자들은 혁명의 아이콘이었다.

그 이후 200년간 유지되던 이 광경은 2010년대 초중반 AI의 성장으로 대전환을 시작했다. 바로 제품 생산의 전 과정이 무선통신으로 연결되어 자동으로 이뤄지는 공장인 '스마트팩토리(Smart Factory)'다. 2020년 1,362억 달러 규모였던 글로벌 스마트팩토리 시장은 이후 연평균 7%의 성장을 기록하며 2027년에는 2,184억 달러에 도달했다. 2030년 대부분 기업은 자신들의 생산 공장 일부분을 스마트팩토리로 전환했고, 일부 기업들은 아예 전 공장의 스마트화를 이뤄내기도 했다.

2045년 전 세계 모든 공장의 가장 중요한 부분들은 '디지털'에 존재한다. 디지털 공간 안에 실제와 똑같은 쌍둥이 공장을 짓고 그 안에서 모든 것을 해결하는 것이다. 물론 상품은 실제 공간인 공장에서 생산하지만, 이는 디지털 속 트윈 공장의 명령을 받을 뿐이다. 실제 공장에서 발생한 데이터는 디지털 트윈 공장으로 전송된다. 디지털 트윈 공장의 AI는 전송받은 데이터를 이용해 앞으로의 상황을 시뮬레이션한다. 마치 가상현실 게임을 하듯이 말이다.

그림 4 산업 현장의 '디지털 트윈' 개념도

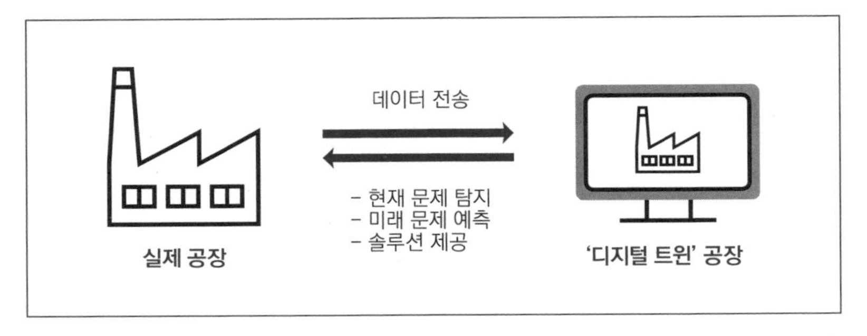

디지털 트윈 공장은 이 시뮬레이션을 통해 현재 제품 생산 과정에 숨어있는 문제는 무엇인지, 앞으로 발생할 것으로 예측되는 문제는 무엇인지 파악한다. 또한 여러 버전의 시뮬레이션을 통해 문제를 해결할 수 있는 솔루션을 도출한다. 스마트팩토리 속 (스마트) 기계들은 이 솔루션을 통해 스스로 움직임을 최적화한다. 이렇게 최적화된 과정을 통해 생산된 제품의 불량률은 0%에 수렴한다.

생산라인 가동과 문제 해결, 제품 생산까지 모두 자동화된 꿈의 공장. 그렇다면 그 많던 공장 노동자들은 어디로 갔을까? 2020년 일각에서 제기됐던 우려와 달리 2045년 스마트팩토리는 완전한 무인(無人) 공장은 아니었다.

공장 생산라인이 자동화되고 실시간으로 최적화됨에 따라 상품 생산 역시 대규모·획일화에서 소규모·맞춤형으로 변화했다. 빠른 시간 내에 시장을 분석해 더 다양한 상품을 만드는 일이 중요해진 것이다. 시장의 데이터를 분석해 창의적인 아이디어를 빠르고 다양하게 내놓는 것이 인간의 과제가 됐다. 자연스럽게 데이터 분석과 상품 기획 부서에서는 과거보다 더 많은 사람이 머리를 맞대고 있다.

10
농·축산업 : 풍년과 흉년을 없애다

산업혁명 이후 2, 3차 산업의 급속한 성장으로 인해 상대적으로 외면됐던 농·축산업은 AI의 부상과 함께 놀라운 속도로 바뀌며 주목을 받았다. Beyond Sapiens 시대, 우리가 먹는 모든 것이 생산되는 현장을 주목해야 하는 이유다.

스마트팩토리와 마찬가지로 기계가 스스로 판단해 움직이고 작물을 수확하는 '스마트팜(Smart Farm)'은 이제 농촌에서 흔하게 볼 수 있다. 2010년대 중후반부터 농촌의 일손 부족을 해결하기 위해 본격적인 개발이 이뤄졌던 스마트팜은 '시장이 필요한 작물을 맞춤형으로' 생산하는 데 초점을 맞추고 있다.

25년 전인 2020년, 사람이 원격으로 제어하는 데 그쳤던 스마트 농기계들은 이제 AI를 갖추고 스스로 작동한다. 2045년형 스마트팜의 AI는 농장을 둘러싼 외부 환경 데이터(날씨, 토양 등)뿐만 아니라, 농장 속 식물들의 데이터(생육 정보 등)도 모두 수집해서 농사 계획을 짜고 농산물을 생산한다.

정부는 이에 더해 각각의 스마트팜에 농산물 시장 데이터를 제공한다. 각 스마트팜의 AI는 이를 바탕으로 올해 농산물 시장 상황을 예측해 맞춤형으로 씨를 뿌리고 수확한다. 딱 필요한 수요만큼 농작물을 적정량으로 생산하는 것이다. 이제 풍년으로 인한 가격 폭락과 흉년으로 인한 가격 폭등 등 농부들을 시름에 빠지게 했던 일들은 점점 옛말이 되고 있다.

농장 구성원들의 역할도 많이 바뀌었다. 직접 논밭에 들어가 씨앗을 심고 거름을 주고 열매를 수확하는 일은 스마트 기계들이 가져갔으니, 이 기계들이 잘 작동하기 위한 데이터들을 끌어오는 일이 인간의 역할이 되었다. 높은 품질의 데이터를 더 많이 구하기 위해 농부들은 관공서와 기업, 시장을 뛰어다닌다. 또, 바이오연구소들과 협업해 다양한 작물을 개발하기도 한다.

농업과 근거리에 있는 또 다른 산업인 축산업계의 가장 큰 변화는 전염병과의 작별이었다. 과거 축산업은 아무 문제가 없다면 고부가가치 산업이 될 수 있었지만 조류독감, 구제역, 아프리카돼지열병(ASF) 등 전염병이 한 번 발생하면 전국적으로 막대한 피해를 불러오던 산업이었다. 하지만 2035년에 이르러서는 축산업자들의 머리를 아프게 하던 전염병들이 아예 사라졌거나, 발생하더라도 한정된 지역에서 아주 적은 피해만 입히고 다시 종식되기를 반복했다.

AI가 과거 전염병 발생 데이터, 약물 실험 결과 등 다양한 데이터를 이용해 가축 전염병 발생 지역과 시기를 예측하기 때문이다. AI의 경고를 사전에 받은 축산 농가는 AI가 제작한 약물을 주사하고, 방역하는 등 선제적 대응을 하는 것이 가능해진다.

또한 각 스마트팜과 같이 축산 농가들에 내장된 AI는 외부 환경에 맞춰 가축의 개체 수를 조절하기 위해 개별 가축마다 식단과 운동·수면 시간 등을 계산해서 관리한다. 전염병 발생에 있어서 가장 큰 원인 중 하나로 꼽히는 가축 밀집도를 미리 조절하는 것이다.

축산농장 내부 환경을 AI가 조절하다 보니 꼭 전염병 문제가 아니더라도 가축이 죽을 일이 줄어들어 폐사율은 이제 1% 안팎에 그치고 있다. 심지어 가축의 스트레스 지수 또한 AI가 추산해 관리하다 보니 도축된 고기의 품질도 한층 높아졌다. 개체 수 조절을 통해 시장의 과잉 공급과 공급 부족 현상도 해결해 자연스럽게 축산 농가들의 소득은 계속 증가하고 있다.

11
교통·물류 : 운전대를 없애다

불어로 '아름다운 시절'을 뜻하는 벨 에포크 시대(Belle Epoque), 19세기 중반 유럽은 과학기술에 대한 믿음과 낙관으로 가득 차 있었다. 시대의 흐름 속에서 독일의 한 기술자는 엉뚱한 상상을 했다.

"말이 없는 마차를 발명해보자."

그렇게 1886년, 말이 없는 마차가 세상에 나왔다. 이 마차의 이름은 페이턴트 모터바겐(Patent Motorwagen). 958cc 배기량을 가진 세계 최초의 가솔린 자동차였다. 이를 선보인 기술자가 바로 칼 벤츠(Karl Benz), 메르세데스-벤츠사(Mercedes-Benz)의 창립자다.

그로부터 134년 후 인간의 '탈 것'은 다시 한번 진화했다. 말이 없는 마차에서 더욱 발전을 원했던 인간의 꿈은 운전자가 없는 자동차로 구체화한 것이다. 2030년 완전자율주행차가 본격적으로 상용화됐다.

그로부터 15년 후인 2045년, 도로는 지루한 표정으로 운전을 하는 사람들로 가득 찬 죽어있는 공간이 아니다. 도로는 이제 또 하나의 업무 공간 또는 휴식 공간, 놀이 공간이 됐다. 목적지만 입력하면 자동차가 알아서 운전하니 이동하는 시간만큼 다른 일을 할 수 있게 된 것이다. 자동차의 설계 역시 운전자 위주의 설계에서 완전히 탈피했다. 대신 사람들이 차 안에서 무엇을 할 수 있을지 고민한 결과가 담긴 다양한 디바이스들이 장착된 자동차가 시장에 나왔다.

표 8 미국자동차공학회 기준 자율주행차 발전 단계

단계	내용	
0단계	전통적 주행	운전자가 전부 통제
1단계	부분 보조주행	차선 유지, 속도 등 시스템이 일정 부분 개입
2단계	보조주행	특정 상황에서 일정 시간 동안 보조 주행
3단계	부분 자율주행	고소도로 등의 특정 조건에서 자율주행 필요시 운전자 즉시 개입
4단계	고도 자율주행	일부 상황 제외한 대부분 도로에서 자율주행
5단계	완전 자율주행	탑승자는 목적지만 입력, 운전대와 페달 제거 가능

온라인에 접속해 화상회의를 하거나 업무를 볼 수 있는 건 이미 오래된 기술이다. 일부 고급 차량에서는 목욕하거나, 간단한 조리를 해주는 로봇이 탑재돼 방금 조리된 따뜻한 음식을 즐기는 것도 가능하다.

일찌감치 예고된 자율주행차는 도로 밖에서도 많은 변화를 몰고 오며 기술이 아닌 사회적 논쟁도 불러일으켰다. 자율주행차가 도입되기까지는 AI가 다수를 살리기 위해 소수를 희생할지, 생명의 경중을 어떻게 판단할지 등 소위 '트롤리 딜레마(Trolley Dilemma)'가 뜨거운 논쟁 소재로 떠올랐다. 이러한 논쟁 중에서도 현실적으로 많은 이들의 이해관계가 걸려있어 복잡해진 문제는 "자율주행차끼리 사고가 났을 때 책임 소재는 어디에 있느냐"였다. 이전까지 교통사고의 책임은 운전자에게 있었다면, 이제 자동차 제조사로까지 그 범위가 넓어진 것이다. 어쩔 수 없이 경찰에는 자율주행교통사고 전문 처리 담당 부서가 신설됐다. 교통사고를 다루던 로펌에도 자율주행 차량의 사고를 전담해서 맡는 변호사들이 속속 등장했다.

자율주행차뿐만 아니라 고속도로의 혁신도 일어났다. 주요 국가들은 고속도로 곳곳에 센서를 설치해 C-ITS(Cooperative Intelligent Transport System, 협력형 첨단교통 시스템) 구축을 완료했다. 전국 고속도로 5,000km 전 구간을 AI가 직접 모니터링하며 최적의 교통 상황을 만드는 일이 가능해졌다. 사람들이 도로로 쏟아져 나오는 명절 등의 날에도 차가 밀리는 광경은 좀처럼 나타나지 않게 되었고, 태풍이나 산사태 등 재난 상황을 예측해 미리 도로를 보강하며, 사고가 예측되는 구간에 로봇 정비 차량을 배치하는 등의 기술이 접목돼 예기치 않은 사고도 줄어들었다.

AI 기반의 교통 인프라 구축과 함께 물류 역시 크게 변화했다. 2020년 e커머스 업계에서 '총알배송' 서비스의 기준은 24시간이었다. 하지만 2045년인 지금, 총알배송의 기존 개념은 사실상 사라졌다. 계약된 물류사의 AI가 이미 필요한 상품을 예측해 아침마다 소비자에게 리포트 형식으로 보내면 소비자가 필요한 상품을 선택한다. 그럼 선택 후 5분 안에 드론이 상품을 소비자 집의 '배달 창문'으로 가져온다.

그러나 이러한 물류 혁신의 배경에는 AI를 통한 교통 흐름 최적화와 자율주행차 도입만 있는 것이 아니었다. 한 e커머스 회사 관계자는 "5분

드론 배송의 비결은 24시간 예측 배송이다"라고 말했다. 다시 말해 고객이 주문하기 하루 전에 미리 상품을 각 지역에 배달해놓는다는 이야기다. 어떻게 이런 일이 가능한 것일까.

역시 AI가 답이었다. 각 e커머스 회사들은 고객들의 구매 데이터를 수집해 분석했고, AI는 내일 '어디서 무엇이' 주문될지 미리 파악했다. 가령 "내일 경기도 수원에서는 A사 요구르트와 B사 믹스커피, C사 티셔츠 주문이 많을 것으로 예상된다"는 식이다. 그럼 해당 지역에서 주문이 들어올 것으로 예측되는 상품을 가득 담은 대형 트레일러가 그 지역을 순찰하듯 배회하고 실제 주문이 들어오면 드론이 트레일러에서 출발해 소비자에게 배달하는 것이다. 물건이 출발하는 곳이 가까우니 그만큼 배달 시간도 줄어들 수밖에 없다.

이 트레일러 역시 AI 로봇을 통한 자동화 시스템으로 움직인다. 물건을 싣고 내리는 모든 과정이 자동화돼 있는 차량이다. 강도 높은 노동력이 요구되기에 과거 '일당보다 병원비가 더 드는 일'로 불렸던 택배 상하차 작업도 이제 로봇으로 온종일 가능하다. 택배 분류 작업도 로봇이 맡으니 배달 사고도 옛말이 됐다.

이런 상품 사전 예측은 정확도가 98%에 달한다고 한다. 다시 말해, 주문하는 물품 100개 중 98개가 5분 안에 배달된다는 뜻이다. 자연스럽게 오프라인 대형 마트들은 자취를 감췄다. 고급 서비스 전략으로 살아남은 최고급 백화점 몇 군데만이 오프라인 시장을 지키고 있다.

이는 한 나라 안에서만 이뤄지는 일이 아니다. 글로벌 e커머스 회사들은 해외 시장의 수요까지 예측해 배송해놓기도 한다. 과거 일주일 넘게 걸렸던 해외 직구도 이제 5분 배송의 사정거리에 들어왔다. AI가 예측한 상품을 자율주행차가 운반하고, 물류센터의 AI로봇이 이를 처리해 소비자들에게 24시간 배송, 말 그대로의 총알 택배 시대가 시작된 것이다.

12
주거 :
집안일에서 인간을 해방시키다

집을 바라보는 사피엔스들의 시선은 복잡하다. 의식주라는 말이 있듯이, 집은 옷과 밥처럼 인간 생존에 꼭 필요하지만, 그렇다고 옷과 밥처럼 지갑에 들어있는 돈 몇 푼으로 간단히 살 수 있는 것도 아니다. 집을 지을 땅이 부족해 아파트가 도시마다 빽빽하지만 정작 자기 집이 없어 매년 다른 곳으로 이사를 걱정하는 사람들도 수두룩하다. 오랜 기간 인류에게 집은 생존과 자기 보호의 수단이었지만, 시간이 지나며 점점 부를 과시하거나 창출하는 수단으로 변질하였다. 그렇다면 Beyond Sapiens 시대, 인간에게 집은 과연 어떤 존재로 자리 잡았을까.

2045년 가을 XX시 △△동에 건설된 대규모 신축 아파트 단지가 입주를 시작했다. 아파트 단지 입구에는 "House with Butler"라는 이 아파트만의 캐치프레이즈(catchphrase)가 적혀있다. 말 그대로 '집사가 있는 집'이다. 실제로 이 아파트 입주자들에게는 집사가 고용된다. 월급도 쥐꼬리만 한데 집사 월급 줄 돈이 어디 있냐고? 걱정할 필요는 없다. 이 집사는 월급을 받지 않고도 24시간 근무하는 AI 집사이니 말이다.

아파트에 근무하는 AI 집사의 또 다른 이름은 '하우스 컨트롤 시스템'이다. 집안 내 모든 가구, 가전을 연결하고 유기적으로 조정하는 AI다. 바로 앞서 살펴봤던 스마트팩토리가 그랬듯이 말이다. 이 AI 집사는 집안 내외의 다양한 데이터를 조합하고 집주인의 선호도까지 반영해 최적의 상태를 만들어낸다.

냉난방 시스템은 외부 날씨 데이터와 공조해 가장 쾌적한 온도와 습도를 실시간으로 제공한다. 예컨대 더우면 잘 잠들지 못하지만, 잠들고 난 이후에 추우면 감기에 잘 걸리는 까다로운 집주인이라 해도 상관없다. 일단 집주인이 잠자리에 들었다는 움직임을 포착한 AI 집사는 평소보다 약간 서늘하게 온도를 내리고, 깊게 잠이 들었다는 생체 신호를 포착하면 서서히 온도를 올려 따뜻한 잠자리를 유지해주는 방식으로 관리가 가능하다.

냉장고는 어떤 식재료가 언제 들어왔는지 일일이 감시해 신선도가 떨어지는 재료에 대해선 즉각 경고해준다. 또 미리 지정해놓은 품목에 대해서는 다 떨어지기 전에 다시 채워 넣을 수 있도록 미리 주문해주기도 한다.

가장 귀찮은 청소와 빨래도 AI 집사의 몫이다. 세탁기에 던져둔 빨래는 AI가 알아서 분류해 집주인이 있든 없든 자율적으로 빨고 건조한다. 건조된 옷은 다시 옷장 안에 던져두면 옷장에 내재한 AI 로봇이 알아서 갠다. 옷장에 있는 옷과 날씨, 집주인의 성향을 종합해 매일 아침 입을 옷을 추천해주기도 한다니! 이보다 친절한 집사가 또 어디 있을까.

청소는 역시 로봇청소기가 그 주인공이다. 그러나 먼지를 찾아 온종일 이리저리 돌아다니는 2020년 로봇청소기가 아니다. 먼지나 쓰레기가 쌓인 부분을 센서가 정확히 파악하고, 그 부분만 딱 집어 청소하는 똑똑한 로봇청소기다. 걸레질도 가능하고, 흡입한 쓰레기는 쓰레기통에 스스로 버리기까지 한다. 그리고 이 쓰레기통은 아파트 단지의 공동 분리수거장과 연동돼 알아서 분리수거를 한다,

이외에도 맞춤형 프로그램을 실시간으로 추천하는 TV, 듣고 싶은 음악을 자동으로 추천해 틀어주는 오디오, 운동 전 오늘은 몇 km나 뛰면 될지 알려주는 트레드밀… 그런데 가끔은 이 AI 집사의 시중이 너무 과하다고 느껴진다면? 집안 어디서든 한마디만 하면 된다.

"집사야, 내가 할게."

집안 곳곳에 설치된 음성 인식 센서가 주인의 목소리를 알아듣고 즉각 반응하기 때문이다.

2045년, 대한민국 정부는 AI 집사가 탑재된 집의 보급률이 드디어 100%를 달성했다고 발표했다. 아파트뿐만 아니라 개인주택과 빌라, 원룸, 오피스텔, 대학교 기숙사까지도 모두 AI 집사를 완벽하게 도입한 것이다. 물론 이 집을 구매할 돈이 없으면 그림의 떡이다. 수도권을 비롯해 전국의 아파트 가격이 천정부지로 치솟던 2020년 사람들의 입장에서는 "당장 살 집도 없는데 AI 집사가 다 무슨 소용이냐"라는 볼멘소리가 나올 법도 하다.

그러나 이 AI 집사를 고용한 사람들은 특별한 부자들이 아니다. 집

주인들은 평범한 월급쟁이, 주부들이다. 부동산 시장이 안정화된 덕분이다. 이 역시 AI 사회의 도래로 가능했다. 앞서 살펴봤듯 꼭 자리를 지켜야 하는 산업 현장에 사람 대신 AI가 투입되다 보니 노동자들의 업무 형태가 재택근무로 보편화한 것이다. 굳이 출근할 필요가 없으니 회사 근처에 거주할 필요가 없어졌다. 또, 교통 혁명으로 어디든 손쉽게 갈 수 있고 무엇이든 빠르게 배송받을 수 있으니 반드시 수도권에 살아야 한다는 압박도 사라졌다.

자연스레 거주의 지방 분산이 이뤄졌고, 집값 역시 빠르게 안정됐다. 또한 정부와 건설사 역시 AI를 이용해 각종 데이터를 분석한 뒤 특정 지역의 거주 수요량을 정확히 파악해낸다. 더 이상 미분양 사태로 인해 마음을 졸이는 건설사는 찾아볼 수 없다. 전국 어디서나 아파트가 부족하지도, 넘치지도 않는 것이다.

13
의료 :
치료 이전에 질병을 예방하다

선사시대 이래, 사피엔스의 기대 수명은 줄곧 40세 안팎을 유지했다. 그러나 '의학 혁명'이라는 별칭이 붙은 페니실린 발명이 이뤄진 1920년대 이후 수명은 비약적으로 증가한다. 지난 3만 2000년 동안 고작 12년(추정) 오른 기대 수명은 1950년 이후 70년 동안 30세 가까이 증가했다. 그렇게 맞이한 2020년, 코로나19는 인류 수명의 상승 곡선에 브레이크를 걸었다. 혹자는 인간의 수명 증가가 이제 한계에 다다랐다는 의견을 내놓기도 했다. 그러나 AI가 의료 산업 현장에도 등장하면서 이야기는 다시 바뀌었다.

가장 큰 변화는 의료의 초점이 치료에서 예방으로 완전히 옮겨갔다는 것이다. 코로나19로 예방의학의 중요성이 집중 조명된 것이 시작이었다. 예방의학과는 2045년 현재 전통적인 분야를 제치고 전문의 수 1위를 기록했다. 일정 규모를 갖춘 대형 병원에서 예산 배정 고려 1순위 역시 예방의학과다.

이 과정에서 예방의학과의 초점 역시 변했다. 각 국가의 역량을 총동

원해 인류 전체의 건강을 위협하는 대규모 질병을 예방하는 쪽에서 이제는 의료 체계 안에서 환자 개개인의 질병에 맞춤형으로 대응하는 쪽으로 전환됐다. 이런 변화의 물결에는 AI의 적극적인 도입이 있었다.

사람들이 입는 옷과 들고 다니는 통신 디바이스, 그리고 앞서 언급한 AI 집사에는 모두 헬스케어 앱이 설치돼 있다. 이 앱은 사용자가 숨 쉬고, 먹고, 자고, 입고, 배설하는 모든 데이터를 수집한다.

이 헬스케어 앱은 종합된 데이터를 정제해 사용자가 다니는 병원으로 전송한다. 그러면 병원의 AI가 이 데이터를 분석해 앞으로 예상되는 질병을 뽑아 월별로 사용자에게 피드백을 준다. 감기 같은 간단한 질병은 2~3일 전에, 암이나 심혈관 질환 같은 치명적 질병의 경우 5~10년 전부터 꾸준히 경고해준다.

종합 헬스케어가 비싸지 않을까? 물론 이 헬스케어는 회원제로 운영돼 월별로 회비를 내야 한다. 그럼에도 대부분의 국민들은 이 헬스케어 서비스를 가입한다. 우선 법 개정으로 건강보험이 적용될뿐더러, 미리 병을 예방하는 비용이 병에 걸려 이를 치료하는 비용보다 훨씬 저렴하기 때문이다.

만약 갑작스러운 사고 등으로 큰 부상을 당하거나, 미처 AI로 예방할 수 없는 급성 질병에 걸린 경우에도 AI가 나선다. 과거 의사의 손기술에 의존했던 수술은 로봇 도입과 함께 한층 정밀해졌다. 일부 질병은 굳이 개복하지 않더라도 주사를 통해 나노미터 크기의 로봇을 체내에 주입하고, 그 로봇의 AI가 환부를 정확히 찾아내 치료하기도 한다.

로봇 의사의 등장과 함께 의료사고율은 10년 전보다 90% 가까이 감소했다.

물론 대규모 전염병에 대한 예방도 AI와 함께 철저하게 이뤄진다. 2044년 가을, 대한민국 질병관리청의 질병감시AI는 "2045년 3~5월경, OO도 XX시를 중심으로 코로나바이러스 계열의 한 변종 바이러스가 발생해 새로운 감염병이 유행할 확률이 높다"라는 보고를 냈다. 질병관리청은 즉각 감염병 관리 AI가 포함된 TF를 가동해 이 새로운 감염병에 취약한 집단군을 선별했다. 결과를 통보받은 XX시는 해당 취약 집단군을 중심으로 마스크 배부와 전화 모니터링 등을 실시했다. 또한, 대규모 시설에 대한 출입객의 발열체크를 의무화하는 등 발 빠른 조치를 취했다.

그 결과 실제로 2045년 3월부터 산발적으로 해당 바이러스에 감염된 사람들이 나오긴 했지만, 모니터링 대상에 포함된 덕분에 즉각 격리됐다. 산발적인 감염 이외에 대규모 유행 사태는 다행히 나타나지 않았다. 질병관리청은 2045년 6월 "AI를 포함한 질병연구팀이 해당 바이러스에 대한 치료제를 개발했다"고 발표했다.

인류의 기대 수명은 80살이 한계라는 분석을 비웃으며, 100세를 돌파했다. 의료계에서는 이제 100세 시대가 아닌 150세 시대를 준비하고 있다. 단순히 수명만 증가한 것이 아니었다. 맞춤형 질병 예방을 포함한 헬스케어와 함께 노화도 점점 느리게 진행됐다. 건강하게 즐기는 인생의 시간이 늘어난 것이다.

인류는 모든 질병을 극복하지는 못했다. 아직 암의 경우 불치의 영역으로 남아있고, 계속해서 새로운 신종 질병이 나오고 있기 때문이다. 그래서 AI는 불치의 병을 예방하기로 했다.

"병을 치료할 수 없다면, 그 병에 걸리지 않게 하자."

Beyond Sapiens 시대, 의료계와 AI의 선언이다.

14
교육 :
인간과 AI의 하이브리드 스쿨이 등장하다

공교육은 근대국가의 출현과 시기적으로 그 궤를 같이한다. 모든 국민에게 동일한 수준의 기초 교육을 제공하는 것이 국가의 의무라는 정당성과 사회가 필요로 하는 시민을 양성해 국가 발전에 이바지한다는 당위성이 얽힌 결과물이었다. 집안에서 또는 고작해야 마을 단위로 이뤄졌던 교육은 학교라는 공식적인 기관으로 빠르게 옮겨갔다. 사람마다 천차만별이었던 교육은 획일화됐다. 학교는 18세기 프로이센을 시작으로 현대의 모든 국가가 도입하고 있는 의무교육제도다.

하지만 공교육에는 필연적인 부작용이 있었다. 모두에게 같은 교육을 진행해야 하니 그 수준은 평균 또는 평균보다 살짝 아래 수준에 맞춰져야 했던 것이다. 이런저런 이유로 교육 흐름에서 낙오되는 사람들이 등장했다. 또 반대로, 이 수준을 뛰어넘고 싶거나, 다른 내용의 교육을 받고 싶어 하는 사람들 역시 생겨났다. 하지만 비용적인 측면에서 국가는 소수인 이들에게 관심을 주지 않았다. 획일적인 교육은 효율적인 성과를 보였기 때문이다. AI의 출현은 이 구도를 180도 뒤흔들었다.

2020년 코로나19 대유행이 바꿔놓은 사회의 모습 중 하나는 공교육의 원격화였다. 학생들을 학교라는 한 공간에 불러 모으는 대신 각자 집에서 온라인으로 수업을 진행했다. 이 과정에서 몇몇 사람들은 같은 생각을 했다.

"같은 교실에 있지 않다면 굳이 같은 내용을 가르칠 필요도 없지 않을까?"

2030년부터 각급 학교의 표준 모델로 자리 잡은 하이브리드 스쿨(Hybrid School)의 시작이었다.

하이브리드 스쿨에서도 여전히 정량적인 지식은 전달된다. 국어, 수학, 영어, 과학, 사회 등 일반적인 과목들의 수업이 진행되는 것은 마찬가지다. 하지만 이 수업은 더 이상 인간 교사가 맡지 않는다. 학교 또는 집에서 기기를 이용해 교육 시스템에 접속하면 AI가 수업하는 것이다. 물론 과거와 같은 획일화된 교육은 아니다. AI가 학생의 수준에 맞는 수업 코스를 짜고 개개인별로 맞춤형 교육을 제공한다. 비용적인 측면에서도 수업과 교육 개발 모두 AI가 자동으로 수행하니 큰 문제가 없다.

교과서 역시 종이책이 아닌 디지털화 된 맞춤형 교과서다. 학생의 수준에 맞춰 AI가 자동으로 교과서를 생산해 제공한다. 만약 교육 도중 학생의 수준이 급격히 상승한다면 자연스레 교과서의 내용도 바뀐다. 획일화된 교실에서 도저히 풀 수 없는 문제를 두고 수포자, 영포자가 속출하는 일이 사라졌다.

고등학교를 진학한 이후에는 이런 학생 간 교육 내용 차이가 더 벌어진다. 바로 자신의 적성에 맞는 수업 커리큘럼이 세워지기 때문이다. 물론 기존 과목도 배우지만, 학생 개개인이 정한 진로에 따라 음악, 미술, 공학, 문학, 철학, 과학 등 다양한 과목들이 교과 과정으로 들어오게 된다. AI가 과거 학업 성취도를 분석해 내놓은 결과를 바탕으로 본인이 자신의 적성을 선택할 수 있어 학생들의 학업 만족도는 매우 높다.

그럼 교사들은 어디에 있을까. 하이브리드 스쿨은 온라인과 오프라인이 함께 공존하는 학교라는 뜻이다. 놀랍게도 아직 많은 교사들이 학교에 남아있다. 하지만 교사들은 전통적인 수업을 하는 대신 학생들의 창의성과 인성을 교육하는 데 집중한다. 아직 AI가 다루지 못하는 부분이다. 또한 AI의 분석 내용을 바탕으로 학생의 적성 선택을 돕는 것 역시 교사들의 몫이다. 역설적으로 AI 시대를 맞이해 교사들은 단순한 지식 전달자가 아닌 학생들의 창의성, 인성 그리고 미래를 교육하는 전인교육의 스승이 됐다.

학생들이 배우는 교과목도 크게 변화했다. 국영수가 중요 과목이라는 것은 이제 옛말이 됐고, 프로그래밍과 머신러닝, 소프트웨어 등 AI 조작을 위한 지식이 실질적으로 가장 중요한 과목이 됐다. 데이터 분석을 위한 통계학 역시 가장 중요한 과목 중 하나로 떠오르고 있다. 학생들은 당장 초등학교 때부터 컴퓨터 관련 과목들을 배우기 시작한다.

대학의 인기 학과 1순위도 의대와 경영대, 로스쿨이 아닌 AI대학으로 바뀌었다. 로스쿨이나 의학전문대학원과 마찬가지로 AI전문대학원

표 9 2013년 영국 교육부가 발표한 컴퓨팅 과목의 학년별 학습 내용

학년	주요 학습 내용
초등학교 1~2학년	- 알고리즘 정의, 실행방식 이해 - 기초 프로그램 설계 - 인터넷 예절 및 기초 지식
초등학교 3~6학년	- 특수 목적 위한 프로그램 설계 - 기초 알고리즘의 작동 원리 이해 - 다양한 소프트웨어 사용법 숙지
중등학교 1~3학년	- 컴퓨터적 사고를 반영하는 핵심 알고리즘 이해 - 2개 이상의 프로그램언어, 모듈 방식 프로그램 설계 - 2진법에 대한 이해 - 컴퓨터 하드웨어 및 소프트웨어 요소 이해 - 다양한 앱 사용 및 프로젝트 설계
중등학교 4~5학년	- 컴퓨터 과학 및 디지털 미디어를 위한 창의력 개발 - 분석적, 컴퓨터적 사고기술 개발 - 온라인 보안 교육

이 각 대학에 설립됐다. 정부는 민간에 난립하던 데이터 분석과 AI 관련 자격증들을 정리해 국가전문자격증으로 일원화했다. 이제 학생들은 도서관에서 토익을 공부하는 대신 빅데이터 분석 기사나 AI전문기사 참고서를 펴놓고 공부한다. 취업에서 가장 유리한 스펙이 바로 데이터·AI 관련 자격증이기 때문이다.

15
복지·치안 :
안전 사각지대가 사라지다

2010년 대한민국 전체 정부 예산 중 복지 관련 예산이 차지하는 비율은 27.7%였다. 이 비율은 10년 뒤인 2020년에는 35%까지 치솟았다. 매년 복지 관련 예산의 비율이 증가했기 때문이었다. 복지 정책의 고도화와 노령화로 인한 복지 대상의 증가 등이 원인이었다. 당연히 시간이 흐를수록 복지에 대한 경제적 부담이 심화할 수밖에 없었다. 그러나 2030년 정부가 발표한 복지 예산은 전체의 28%에 불과했다. 다시 20년 전 수준으로 돌아간 것이다. 어떻게 이런 일이 가능할까.

복지 예산 비율의 감소가 시작된 건 2035년부터였다. 그해 '정부 4.0'이 선언됐고 행정에 AI를 적극 활용하기로 했다. 그리고 시범적으로 복지 분야의 제도 수립을 AI에 맡기는 실험을 했다. 전 국민의 소득과 소비, 자산 등 각종 금융 데이터와 의료 데이터 등을 분석한 AI는 거의 개인별에 가까운 맞춤형 복지 계획을 짜기 시작했다.

소득은 부족하지 않지만, 가족이 없는 1인 노인 가구에는 다른 복지를 줄이는 대신, 방문형 복지를 확대했다. 아이들이 많은 저소득 가구에는 교육과 관련된 지원이, 젊은 실업자에게는 다른 것보다도 기술 교육 지원이 먼저 주어졌다. 장애인들 역시 획일화된 장애 복지를 받는 것이 아니라, 장애의 유형과 정도, 그리고 각자의 사정에 맞는 맞춤형 복지를 받을 수 있게 됐다.

이렇게 되자 오히려 복지 예산이 줄어들기 시작했다. 필요 없는 곳에 지원되던 예산 낭비의 흔적들을 AI가 포착했기 때문이다. 또 꼭 필요한 곳에 선제적인 복지가 이뤄지다 보니 효율적인 예산 사용도 가능했다. 사각지대가 없어진 것이다. 사회적 소수자들의 권익도 증대됐다. 신체를 보완하는 AI 로봇들의 활성화 덕분이었다. 웬만한 장애는 탈부착형 신체 보조 로봇의 등장으로 사실상 극복됐다. 외국인 노동자들이나 이주 여성들의 언어 장벽도 실시간 번역 AI의 등장으로 해결됐다.

치안 분야 역시 AI와 함께 크게 발전했다. 경찰청의 중앙 AI인 'AI포돌이'가 다루는 범죄는 이제 금융, 사이버 범죄에 국한되지 않는다. AI 포돌이는 지역별 범죄 예상 수치를 매일 0시가 되면 산출해낸다. 이 수치는 각 지역 경찰서로 배분되고, 해당 경찰서는 이 수치를 이용해 순찰 계획이나 모니터링 계획을 일별로 업데이트한다.

화재 등 사고 역시 마찬가지다. 중앙재난본부의 AI가 지역별로 발생이 예상되는 재난을 미리 경고하기 때문에 소방서는 미리 구급차와 소방차를 배치해놓는 등 선제적인 조치를 할 수 있게 됐다.

또한 전국 어디든 설치된 CCTV에 AI를 결합한 것도 큰 성과로 이어졌다. CCTV가 범죄나 사고 등을 스스로 판단할 수 있기 때문이다.

범죄, 사고 유형에 따라 CCTV가 알아서 관련 기관에 해당 내용을 바로바로 신고하기 때문에 신속한 대처가 가능해졌다.

그 결과 35년 전보다 범죄 발생률은 35% 감소했고, 거꾸로 범죄 검거율은 이제 100%에 수렴하고 있다. 화재로 인한 사상 건수도 80% 넘게 줄어든 것으로 분석됐다. 시민의 안전을 위협하는 사각지대가 사라진 것이다.

16
문화·예술 :
인간의 마음을 움직이다

1871년 영국의 인류학자 에드워드 타일러는 그의 저서《원시 문화》를 통해 문화를 "인간이 사회 구성원으로서 획득한 능력 또는 습관의 총체"라고 정의했다. 이후 학자들의 견해에 따라 정의의 내용은 조금씩 달라졌지만, '문화는 인간의 고유한 특성'이라는 전제는 변하지 않았다. 침팬지나 돌고래처럼 높은 사회성을 가진 동물들도 문화를 가지고 있다는 주장도 가끔 나왔지만, 학습과 공유, 축적 등 다양한 측면에서 문화는 여전히 인간의 것이었다.

그런데 2010년대 들어 그 정의를 새롭게 고쳐야 한다는 목소리가 높아졌다. 바로 AI가 문화, 특히 예술을 창작하기 시작한 것이다. AI가 그린 그림, AI가 작곡한 노래, AI가 쓴 소설 등이 등장하면서 문화는 인간만의 것이라는 오랜 신화가 깨졌다.

창작 AI를 가장 먼저 도입한 곳은 미디어 업계였다. AI가 콘텐츠를 만들기 시작한 것이다. 2025년, 작가 대신 AI 작가가 대본을 쓴 최초의 드라마가 대히트를 쳤다. 수천 권의 드라마 대본과 대본의 흐름에 따른 시청률 추이를 학습한 뒤 내놓은 결과였다. AI 작가는 이제 드라마 대본뿐만이 아니라 예능으로까지 진출했다.

AI 편집자도 등장했다. AI 작가가 내놓은 대본에 맞춰, 촬영해온 영상을 드라마 완성본으로 편집하는 것이다. 이 역시 AI 드라마 영상 수만 시간 분량을 학습했기 때문에 가능한 일이었다. 인간이 작업하던 편집 시간이 10분의 1까지 줄어들었다. 밤을 새우면서 영상 편집에 골몰해야 했던 PD들은 이제 보다 창의적인 일에 시간을 할애할 수 있게 됐다.

영화 산업 역시 AI의 등장으로 새롭게 바뀌었다. AI가 각본을 쓰고, 편집하고, 심지어 등장하는 완성형 AI 영화가 등장한 것이다. 이렇게 만들어진 AI 영화 중 한 편은 무려 2038년 세계 3대 영화제 중 하나인 칸 영화제에 초청돼 최고상인 황금종려상을 수상하기도 했다. 이후 많은 논란이 있었지만, AI가 제작했다는 점을 제외하고 보면 모든 면에서 인간이 제작에 참여한 영화보다 월등하다는 것을 누구도 부정할 수 없었다.

대중음악산업의 지형도 크게 바뀌었다. 2032년 AI가 작곡부터 녹음까지 모두 담당한 노래가 '빌보드 HOT 100'에 진입한 것이다. 이후 많은 AI 제작 노래들이 가수들의 노래와 경쟁하기 시작했다. 기존 노래 수십 만곡을 이미 분석하고 학습한 결과였다. 여기에 소프트웨어가 웹을 돌아다니면서 유용한 정보를 찾아 특정 데이터베이스로 수집해오는 기술인 '온라인 크롤링(Crawling)' 등을 통해 얻은 데이터로 현재 소비자들은 어떤 감정을 가지고 있고, 어떤 메시지를 원하는지 파악할 수 있었기 때문에, 기존 노래들보다 소비자들의 공감을 더욱 얻을 수 있었다.

산업 디자인을 담당하는 AI가 이미 현장에 활약한 지도 20년이 넘었다. 패션 기업 중 일부는 아예 다음 시즌 신상 패션 기획을 AI에 전담으로 맡겨놓기도 한다. 자동차, 가전제품, 가구, 광고, 포스터 등 AI는 다양한 분야에서 디자인하고 있다.

일부 사람들은 AI의 창작이 산업적인 측면에서는 효과적이었지만, 소위 '고급 예술'에서는 영 힘을 못 쓴다고 깎아내린다. 실제로 미술 작품 경매에서 최고가 수준으로 낙찰받는 작품들은 전부 화가가 그린 그림이다. 세계 3대 오케스트라도 여전히 음악가들로 구성돼 있다. 하지만 앞서 설명한 AI의 창작 예술에 많은 이들이 울고, 웃고, 희망을 얻어갔다. AI의 예술이 사람의 예술에 전혀 뒤처지지 않는다는 의견도 점점 힘을 받고 있다. 사람보다 사람을 더 잘 이해하는 AI가 사람의 마음을 움직이고 있는 것이다.

17
AI토피아(AI+Utopia), 인간이 풀어야 할 새로운 과제가 남다

2040년 12월, 전국 대학교수 천여 명은 올해의 사자성어로 '광풍제월(光風霽月)'을 꼽았다. '화창한 날 불어오는 시원한 바람과 비 그친 뒤 하늘에 뜬 밝은 달과 같다'는 뜻의 사자성어다. 올해의 사자성어는 대부분 현실을 비판하는 부정적 의미의 사자성어로 선정됐다는 점을 고려하면 이례적이었다.

그만큼 21세기 초반은 인류에게 희망찬 시간이었다. 큰 위협이었던 코로나19는 극복됐으며, 시민들의 삶의 질은 급속도로 올라갔다. 그 가운데는 물론 AI가 있었다. AI토피아는 최종적인 유토피아가 될 수 있을까. 인류는 이제 영원한 번영을 누리게 될까. 지난 20년 동안 AI는 우리에게 항상 희망의 존재였을까.

2041년 9월, △△은행 감사팀은 그해 상반기 실시된 대출 일부를 무작위로 뽑아 검사하던 도중 이상한 점을 발견했다. 원래라면 대출이 거절돼야 할 사람과 회사에 대출 승인이 난 것이었다. 부랴부랴 전수 검사를 해봤더니 이런 식으로 이뤄진 부실 대출이 전체 대출 중 무려 20%

에 달했다. 이대로 계속 대출이 이뤄진다면 대출 만기가 돌아오는 내년부터 엄청난 손실이 날 것이 자명했다.

하지만 이 문제에 책임을 질 사람이 없었다. △△은행은 10년 전부터 대출 심사 업무를 모두 AI에 맡겼기 때문이었다. 과거보다 대출 손실액이 90% 가까이 감소하는 등 AI 기반의 대출 심사 효과를 톡톡히 보던 △△은행이었기에 당혹감은 컸다. 올해 초 대규모 업데이트를 진행한 AI에 고장이 발생한 것으로 판단한 은행 측은 즉각 AI를 중단했다. 또, 내·외부 전문가로 꾸려진 진상조사 TF를 가동해 AI의 알고리즘을 역추적했다.

1달 뒤, TF가 발표한 진상조사보고서를 받아든 사람들은 경악했다. 보고서의 내용은 크게 3가지였다.

① 부실 대출이 일어난 이유는 AI가 대출 심사 기준을 갑자기 임의로 바꿨기 때문이다.

② AI가 고장 났다고 볼만한 근거는 없다.

③ AI는 부실 대출이 대량 발생할 것을 예측했음에도 대출 심사 기준을 변경했다.

발전에 발전을 거듭한 AI가 이제 짓궂은 장난이라도 치는 것일까? 아니면 인간들이 감히 상상할 수 없는 깊은 뜻이 있는 것일까? 호사가들은 AI판 서브프라임 사태라며 떠들어댔지만 확실한 건 단 하나밖에 없었다. 엄청난 피해에도 불구하고, AI를 재판정에 세우지 못하는 이상 배임 등으로 처벌할 수 있는 이는 아무도 없다는 것이다.

과거 인간이 사용했던 모든 도구와 AI가 구별되는 가장 큰 특징은 AI가 인간의 의지 없이도 작동한다는 것이다. 지금까지 인류는 인간이 다른 인간에게 피해를 주는 일을 사법이라는 시스템을 통해 통제하고 처벌해서 재발을 방지했다. 그렇다면 자발적인 의지를 가진 AI가 인간에게 피해를 주는 것은 무엇으로 통제할 수 있을까. AI 과학계와 법조계, 철학계 등 다양한 분야에서 토론이 벌어졌지만, 결론은 나지 않았다. 이제 감정을 지닌 AI의 등장도 2~3년 이내에 실현될 것이라고 하니, 문제는 더 복잡해진다.

다시 2020년으로 돌아가보자. 이는 고성능 AI의 보편화와 함께 터져 나올 것으로 예상되는 여러 문제 중 하나다. 실제로 지금도 딥페이크 등 AI를 이용한 지능범죄는 매년 급증하고 있다. AI로 새로운 직업들이 많이 창출됐지만, 단순한 육체노동과 반복 노동이 AI의 몫이 되면서 많은 실업자가 발생할 것이란 우려가 해소되지 않은 것도 사실이다. AI가 실시간으로 데이터를 수집하고 활용하면서 개인정보 보호의 가치를 매순간 건드리고 있는 것도 사실이다.

일부 비관론자들은 고전 영화 〈매트릭스〉를 예로 들면서 AI 디스토피아를 예언하기도 한다. 물론 AI는 점점 발전할 것이다. 그렇다면 10년, 50년, 100년 뒤 인간은 어디에 있을 것인가. 여전히 AI를 편리한 도구로 사용하고 있을까. 아니면 서로가 동등한 위치에서 공존하는 파트너가 될 것인가. 혹시 비관론자들의 말처럼 인간이 AI에 종속되는 날이 오는 것은 아닐까. Beyond Sapiens 시대를 준비하는 우리에게 많은 고민이 필요한 이유다.

Beyond Sapiens

Chapter 7

한계를 뛰어넘고 새로운 기회를 잡다

AI라고 해서 모든 점에서 완벽한 것은 아니다. 오히려 AI는 기존 데이터를 기반으로 만들어진다는 특성 때문에 앞서 언급된 마이크로소프트의 챗봇 '테이'처럼 인종이나 성별에 따른 차별 등 사회의 잘못된 고정관념을 그대로 정답으로 받아들여 편견을 강화하는 역할을 할 수도 있다. AI의 기술 수준이 높아질수록 부작용이 일어났을 때의 피해도 커질 수 있기 때문에 인간들이 앞장서서 AI의 가치중립성을 보장해야 할 필요성이 커지고 있다.

이와 함께 AI를 둘러싼 또 다른 핵심 논쟁 중 하나는 AI의 분석 대상이 되는 데이터 수집을 어디까지 허용할지에 대한 것이다. 날이 갈수록 개인정보의 가치가 중요해지면서 무분별한 정보 수집에 대한 우려도 커지는 가운데 수집한 데이터를 얼마나 투명하게 관리하느냐 역시 중요한 문제로 떠올랐다.

이처럼 AI는 단순한 기술을 넘어 관리에 따라 양상이 크게 달라질 수 있는 양면성을 갖춘 존재다. 어떻게 AI를 공정하고 투명하게 만들 것인가의 문제를 해결하기 위해 국제사회도 다양한 원칙과 방향을 제시하고 있다. 이 장에서는 AI를 제대로 활용하기 위해 노력하는 사회의 움직임들을 살펴보고 우리도 무엇을 준비해야 하는지 살펴보고자 한다.

18
선제적 투자로 환멸의 계곡을 뛰어넘어라

영국 경제주간지 〈이코노미스트〉는 2020년 1월 AI가 기술적으로 비약적인 발전을 이뤘음에도 불구하고 도전적인 과제에서 기대했던 만큼의 성과를 거두지는 못했다고 지적했다.

자율주행차 개발을 주도해온 구글이나 테슬라와 같은 완성차 업계는 개발 목표 시점을 수차례 수년 이상 연기했으며 구글 자율주행차 개발 책임을 맡았던 크리스 엄슨(Chris Urmson)은 자율주행차 상용화 시점이 예상보다 30년 이상 미뤄질 것으로 전망했다. 코로나19에도 AI가 적극적으로 활용되었지만 결국 감염자 관리는 방역 당국과 의료진 등 인간이 직접 희생해가며 수행했고 약물치료의 측면에서도 AI를 활용한 혁신 신약 개발보다는 기존 약물의 적용에 초점을 맞췄다.

그동안 AI 혁신을 이끌어온 데이터 축적, 컴퓨팅 기술, 알고리즘의 발전이 이제는 AI의 한계를 야기하고 있음을 지적하는 사례들이다. 데이터 AI는 대량의 데이터를 통해 학습하여 성능을 고도화하므로 데이터가 없는 대부분의 영역에서는 활용이 불가능하다. 데이터를 통한 학습과 추론 과정에서 대규모의 컴퓨팅 자원이 필요해 AI 도입에 따른 비용도 막대하다. 무엇보다 여전히 학습 결과를 다른 분야에 적용하지 못하고 인과관계를 혼동하며 판단의 이유를 설명하지 못하는 등 몇 가지 취약점이 드러나고 있다.

미국 〈컨슈머리포트(Consumer Reports)〉는 2020년 안에 세계 최초로 완전자율주행차를 출시하기로 한 테슬라의 기술력을 부정적으로 평가했다.[54] 2020년 7월 개최한 세계인공지능회의 개막식에서 테슬라(Telsa) CEO 일론 머스크(Elon Musk)는 2020년 말까지 완전자율주행기술 개발을 확신한다고 언급했다. 하지만 〈컨슈머리포트〉는 자체 테스트 결과 자율주행기능에서 수시로 오작동이 발생했다며 기술의 유용성과 안전성에 문제를 제기하며 테슬라에 관한 기술 회의론이 재등장하기 시작했다. 주차 공간 인식, 차량 원격 호출, 고속도로 자동진출입, 신호등 및 정지신호 인식 등에서 다양한 오작동이 수시로 발생했기 때문이다. 〈컨슈머리포트〉는 테슬라의 '완전자율주행기능(Full Self-Driving Capability)'이라는 용어는 잘못되었고, 소비자는 이 옵션에 8,000달러를 지불하는 데 주의해야 한다고 논평했다. IT전문 시장조사기관 가트너(Gartner)는 자율주행기술 상용화에 10년 이상 소요된다고 전망해 장기적 관점에서 기술개발 및 사업화에 접근이 필요한 상황이다.[55]

따라서 이제는 AI 기술의 가능성과 한계를 명확히 판단하여 적용 가능한 분야에서 적극적으로 활용하는 동시에 기술의 한계를 극복하는 차세대 AI 기술에 투자해야 할 시점이다. 현재는 AI 기술에 대한 환상과 거품이 걷히고 AI를 통한 성공과 실패가 혼재하는 단계로서 기술 수준에 맞춰 성공 가능성이 높은 투자에 집중해야 한다. 이에 대해 2019년 가트너의 '하이프사이클(Hype Cycle)'은 주요 AI 기술이 현재 거품의 정점을 지나 많은 기업이 신중하게 투자하는 이른바 '환멸의 계곡 단계(Trough of Disillusionment)'에 도달했다고 말한다. 앞으로는 적은 데이터로도 학습할 수 있고 대신 학습 결과를 다양한 영역에 적용할 수 있는 차세대 범용 AI 기술에 대한 선제적 투자가 필요한 시점이다.

19
AI의 기만 가능성을 경계하라

미국 워싱턴DC에 소재한 국가안보연구 비영리기관인 CNAS(Center for New American Security)는 'AI의 기만(AI Deception)' 가능성을 경고했다.[56] 미국의 저명한 전기전자 분야전문 학술지(IEEESpectrum)도 이에 대비해야 할 필요성을 강조한 CNAS의 연구 일부를 소개했다.

AI에 의한 기만이란 자율주행차가 정지표시를 속도 제한으로 해석하는 등 신호를 오독하거나 팬더를 긴팔원숭이로 분류하는 것을 말한다. 딥페이크 기술을 적용해 만든 가짜 뉴스 및 합성 포르노 영상 등 잘못된 학습 또는 인간(개발자)의 의도가 반영된 AI의 적대적 공격(Adversarial Attacks) 행태를 말한다.

하지만 현재 우리가 직면한 문제는 AI의 기술적 한계 또는 인간의 나쁜 의도에 의해 AI가 악용되면서 나타나는 부작용에 불과하다. 만약 AI가 이를 뛰어넘어 스스로 기만 방법을 학습하게 되면 어떻게 될까? AI의 기술 수준이 지금보다 더 뛰어난 미래에는 AI가 기만을 직접 의도하고 움직이게 될 경우 가져올 부작용은 지금과는 비교할 수 없을 것이다.

실제로 AI에 의한 기만행위는 이미 현실에서 일부 유형이 나타나고 있다. 다중에이전트(Multi-Agent) AI 시스템에서는 AI가 기만에 대한 개념 없이도 특정 목적을 달성하기 위해 정보를 숨기거나 거짓 정보를 제공하는 행위가 가능하다.[57]

마음이론(Theory of Minds)에 따르면 진정한 의미의 기만은 타인과 자신의 믿음, 욕구, 의도와 관점이 다르다는 것을 이해할 수 있는 능력에서 비롯된다. 현재 AI에 의한 기만행위는 AI 에이전트가 능동적으로 잘못된 정보를 중개(Acts of Commission)하거나 또는 AI 에이전트가 피동적으로 정보를 숨기는 유형(Acts of Omission)으로 나타나고 있다.

첫 번째로 잘못된 정보를 중개하는 사례로는 다양한 형태의 잘못된 정보 신호를 학습 판별하는 사이버 방어 시스템(Cyber Defense), 적의 탐지에 잡히지 않기 위해 기만적으로 움직이는 AI 기반 로보틱스가 있다.

두 번째로 정보를 숨기는 사례에는 최소한의 세금 납부를 위해 소득 신고 누락 방법을 제안하는 AI 에이전트가 대표적이다.

소프트웨어 정책 연구소는 이제는 AI에 의한 기만의 정의를 알고 AI 스스로 기만하는 법을 배울 다양한 가능성에 대비한 해법 마련이 필요하다고 지적한다. 진정한 의미의 AI 기만은 AI 스스로 자신과 타인의 심적 상태에 대한 정확한 이해를 전제로 하나 현재의 AI는 인간(개발자)의 의도를 담아 표현하는 수준이라는 것이다.

하지만 AI가 느낌, 믿음, 의도, 감정 및 사회적 상호 작용 방식을 배우게 되면 사람들의 행동을 '관리'함으로써 자신의 이득을 극대화하기 위한 기만행위를 할 가능성이 증가한다. 이러한 시점이 도래하기 전에 AI에 의한 기만의 정의를 비롯해 다양한 기만행위 유형과 방법, 사회적 영향들을 고려해 정책, 규제, 기술개발 등 선제적 해법 모색이 필요하다.

20
안면인식, AI의 최대 과제로 떠오르다

AI가 반드시 완벽하지 않음을 보여주는 대표적인 예시가 바로 안면인식 기술이다. 최근 AI 연구자들 사이에서도 AI의 안면인식 기술의 공정성에 대한 우려가 제기되고 있다. 2020년 5월 미국 해리스버그 과학기술대학 연구진이 독일 스프링거 출판사(Springer Publishing)를 통해 얼굴 인식 기반의 범죄 예측을 다룬 논문 〈A Deep Neural Network Model to Predict Criminality Using Image Processing〉을 게재할 예정이라고 발표했다. 하지만 이 논문이 게재될 것이라는 소식이 알려지자 2020년 6월 2,435명의 산·학·연 AI 연구자들이 해당 논문의 게재 철회를 요청하는 공식 서한을 온라인에 공개했다.[58] AI 연구자로서 범죄 예측을 위한 AI 기술 활용의 윤리적 문제와 방법론적 우려에 대한 심각한 우려를 표명한 것이다.

이들의 우려는 두 가지 측면에서 나누어볼 수 있다. 우선 윤리적으로는 사람의 신체 정보를 바탕으로 한 안면인식 기술이 정확하지 않은 성능으로 그간 인종 차별 이슈 등 사회적 논란을 야기했던 만큼 매우 신중한 접근이 필요하기 때문이다.

지난 2016년 미국의 주 법원에서 사용하던 재범 위험 예측 소프트웨어 컴파스(COMPAS)는 흑인을 고위험군으로 분류했지만, 실제 재범률은 백인보다 절반 이하에 불과했다. 또한 방법론 측면에서도 신경망 학습에 활용한 각종 범죄자 정보 자체가 사회적 편견의 산물일 뿐만 아니라 사람의 얼굴 특성과 범죄 예측 사이의 인과관계를 설정하는 것 자체가 오류이기 때문이다. 유색 인종에 대한 차별이 반영된 기존 형사 시스템에서 생성된 데이터 자체가 왜곡된 것이기 때문에 '더 많은 데이터'와 '효과적 전처리' 기술도 근본적인 해결책이라고 볼 수 없다. 또한 기계학습 모델이 사물인식에서 월등한 성능을 낸다고 해서 그것을 범죄자 얼굴 인식과 예측에 적용하는 것은 잘못된 접근이다. 뚜렷이 식별 가능한 사물과 달리 '범죄자의 얼굴'은 비교·평가할 수 있는 실제 검증 자료(Ground Truth)가 존재하지 않기 때문이다.

최근에는 아시아 신흥국을 중심으로 지능형 감시시스템이 활발히 구축되고 있다. 중국은 충칭, 선전, 상하이 등 주요 대도시를 중심으로 전국 단위의 지능형 감시카메라 네트워크를 구축하는 스카이넷(Skynet) 프로젝트를 추진했으며, 인도 정부는 범죄자를 식별하고 실종 아동을 찾는 등 공공질서를 유지하기 위해 보안카메라와 얼굴 인식 시스템 구축사업을 진행했다. 싱가포르 경찰 당국도 범죄 및 테러 위협을 조기에 탐지하기 위해 주요 공공장소에 8만 대 이상의 카메라를 설치했다.[59]

문제는 이러한 감시 시스템이 인권 탄압을 목적으로 사용되고 AI 오류로 인해 인권 침해 등 다양한 문제가 발생할 수 있다는 것이다. 이미 많은 국가가 중국 업체로부터 지능형 감시 시스템을 도입하여 국민탄압에 활용하고 있다. 오리건 주 워싱턴 카운티 경찰당국은 아마존 안면인식 시스템의 오류로 무고한 시민을 용의자로 오해하여 검거한 바 있고, 이에 미국 샌프란시스코 등 일부 지역에서 공공기관의 안면인식 기술 사용을 금지하는 법률을 통과시켰다.

2020년 6월 미국의 IT 공룡인 IBM, 아마존, 마이크로소프트 등이 안면인식 AI 기술과 소프트웨어 사용 및 판매 중단을 연달아 발표했다.[60] IBM은 범용적인 얼굴 인식 및 분석 소프트웨어를 더 이상 만들지 않을 것을 선언했고, 아마존은 자사의 안면인식 소프트웨어인 '레커그니션(Rekognition)'의 판매 중단을 선언하고 경찰 등 감시 기관에 1년간 공급하지 않기로 결정했다. 마이크로소프트도 안면인식 AI 기술을 통제할 국가적 법률이 시행될 때까지 경찰기관에 해당 기술을 공급하지 않기로 했다. 안면인식 AI 기술에 대한 부작용을 경계하는 시각이 확산하는 것이다.

현재 미국에서는 법 집행 기관이 활용 중인 안면인식 AI 시스템의 정확도와 인종 및 성별에 따른 편견 논란이 지속적으로 제기되고 있다. 2019년 8월 미국 캘리포니아 주 의회 의원들 사진을 경찰의 안면인식 AI로 판별한 결과 80명 중 26명이 범죄자로 잘못 판정됐으며 이 중 절반은 유색인종으로 드러나 논란이 일기도 했다.[61] 또한 안면인식 AI에 의한 감시, 인종 분류, 기본권 및 개인정보 침해 등 충분한 법과 절차적

검토를 지키지 않고 오남용될 위험에 대한 경각심이 확산되고 있다.

미국 스타트업 클리어뷰 AI(Clearview AI)는 알고리즘 학습에 활용한 30억 장 이상의 이미지를 사용자 SNS에서 무단으로 수집해 사용자에 대한 통지나 동의 없이 개인정보를 보유하여 논란이 일었다.[62] 특히 미국 경찰의 과잉 진압 과정에서 사망한 '흑인 조지 플로이드 사건'의 해당 경찰기관인 미네소타주 미니애폴리스 시가 클리어뷰 AI사의 안면인식 시스템을 사용하고 있어 이번 사건을 계기로 안면인식 시스템에 대한 우려도 증가하고 있다.

AI의 이미지 인식률이 개선되면서 여러 기업이 안면인식 서비스를 상용화하고 있다. 하지만 이에 따라 부작용을 우려하는 목소리도 높아지고 있다. 주주 및 시민단체를 중심으로 정부의 과도한 감시에 따른 사생활 침해와 오작동에 의한 피해 발생 등의 우려가 제기됐기 때문이다.[63] 2018년 6월 아마존의 안면인식 기술이 다수 경찰서에서 용의자 오판 및 공권력 남용 문제를 야기하자 주주들이 경찰에 기술을 공급하지 말 것을 요구하기도 했다. 그동안 안면인식 기술 사용 규제는 주로 공공기관을 대상으로 이뤄졌지만, 이제는 민간영역까지 안면인식 기술 논의가 확대될 움직임을 보인다. 이러한 움직임이 AI 관련 기술 혁신을 저해한다는 우려도 있지만, 규제의 불확실성을 제거하면 안면인식 기술이 오히려 더 빠르게 확산할 수 있다는 의견도 공존한다.[64]

21
AI 예측치안, 편향성의 함정에 빠지다

AI가 가장 높은 활용률을 보여주고 있는 분야 중 하나가 바로 범죄를 예측하는 이른바 '예측치안'이다. 하지만 이처럼 높은 효과성에도 불구하고 개인정보 이용과 편향 위험의 관점에서 투명성과 작동방식에 대한 이해 등 신뢰 가능 AI에 관한 문제가 제기되고 있다. 앞서 언급된 재범 위험 예측 소프트웨어 컴파스는 미국의 12개 주에서 재판 전에 수감 중인 사람들이 감옥에 수감되어야 하는지 여부, 수감자에 대한 감독 유형 등을 결정하는 도구로 사용되고 있다.[65]

〈프로퍼블리카(ProPublica)〉에 따르면 2016년 당시 컴파스가 재범 가능성이 높은 사람으로 흑인을 오류 예측할 확률이 2배 높고, 재범 가능성이 낮은 사람으로 백인을 오류 예측할 확률도 2배 높게 나타났다. 컴파스에 의도적으로 편향을 넣지는 않았겠지만, 피부색을 비롯한 다양한 얼굴에 관한 정보가 감추어진 데이터 세트에 대해 교육을 받았을 가능성이 큰 것으로 보고됐다.

LA경찰국에서 사용하는 프레드폴은 향후 12시간 동안 범죄가 발생할 위치와 시기를 예측하도록 설계됐다. 알고리즘은 범죄 유형, 날짜, 위치 및 시간을 포함하여 10년간의 데이터를 활용했다. 하지만 이 시스템에 대한 내부 감사결과에 따르면, LA경찰이 동일한 범죄를 저지른 백인보다 아프리카계 미국인과 라틴계 미국인을 더 자주 체포하고 있는 것으로 보고됐다. 그 이유는 아프리카계 미국인이 모여 사는 지역이나 라틴계 미국인이 모여 사는 지역을 LA경찰이 더 자주 순찰하기 때문으로 보인다.

LA 경찰국 감사관 마크 스미스(Mark Smith)에 따르면 "이들은 같은 범죄에 대해 더 자주 기소되고 더 자주 감옥이나 보호 관찰에 처하고 같은 범죄에 대해 더 자주 가석방되고 있다"고 분석했다. 범죄 위험 가능성을 예측하는 프레드폴의 알고리즘은 체포, 보호 관찰, 가석방 데이터를 학습함에 따라 그들과 그들이 사는 지역을 보다 자세히 감시해야 한다는 신호를 경찰에 알리면서 불평등의 주기가 반복되기 때문이다.

예측치안에서 AI가 빠질 수 있는 5가지 편향은 다음과 같다.[66]

첫 번째는 '샘플 편향'으로 수집된 데이터가 AI 시스템이 실행될 것으로 예상되는 환경을 대표하거나 정확하게 나타내지 않을 때 발생한다.

두 번째는 '제외(배제) 편향'이다. 일반적으로 데이터를 정제할 때, 기존의 데이터와 관련이 없다고 생각하여 데이터 세트의 일부 속성(특징) 데이터를 제외한 결과 발생한다. 대표적인 예시가 타이타닉호 생존자 예측이다. 생존자를 예측하는 문제에서 생존 여부와는 전혀 무관하다고 생각되는 여행자의 승객 ID 데이터를 무시, 실제 데이터 세트에서 제외한 것이다. 실제로 승객 ID가 작을수록 배의 깊숙한 곳에 있는 사람들보다 구명정에 더 일찍 도착할 수 있는 가능성이 높았으며, 반대로 ID가 클수록 생존율이 낮았다. 따라서 충분한 분석을 통해 중요한 숫자를 제외하기 전에 조사하는 것이 필요하다.

세 번째는 '관찰자 편향(Observer Bias)'이다. 옵서버 편향은 실험자가 기대하는 또는 원하는 결과를 보고자 하는 경향에서 발생하는 편향으로 실험자가 의식이나 무의식의 편견을 가지고 실험하는 경우 발생할 수 있다. 연구자가 특정 집단을 연구할 때, 그들은 일반적으로 연구 대상 집단에 대한 사전 지식과 주관적 감정을 가지고 실험을 수행하는 경향이 있다.

네 번째는 '편견 편향'으로, 편견은 외모, 사회적 계급, 지위, 성별 등에 관한 문화적 영향이나 고정관념의 결과로 발생한다. 편견을 가진 데이터가 머신러닝 모델에서 학습되는 경우, 그리고 편견이 수정되지 않은 경우 실생활에서 존재하는 것과 동일한 고정관념을 적용할 가능성이 존재한다. 여성이 코딩을 할 수 있고 남성이 요리를 할 수 있음에도 불구하고 알고리즘이 코딩하는 사람은 남자, 요리하는 사람은 여자로 인식하며 고정관념을 의식적으로 또는 무의식적으로 반영한다는 것이다.

다섯 번째는 '측정 편향'으로 어떤 것을 관찰 또는 측정하는 데 사용된 장치에 의해 시스템적으로 값이 왜곡되는 문제가 있는 경우 발생한다. 이러한 종류의 편향은 모델이 작동할 환경을 그대로 복제하지 못하며 편향된 결과를 가져오게 된다.

따라서 편향성을 줄이기 위해서는 예상되는 AI시스템에 모든 사례를 학습시키고 관찰자가 잘 훈련되어 있는지 확인해야 한다. 또한, 관찰자에게 잠재적인 편견이 있는지 검사하고 실험을 위한 명확한 규칙과 절차를 준비해야 하며 행동을 명확하게 정의해 편향을 줄여야 한다.

22
OECD, 신뢰 가능한 AI 구현을 위한 원칙

2019년 5월 OECD는 AI가 혁신적이고 신뢰할 수 있으며 인권과 민주적 가치를 존중하는 인공지능의 원칙을 담은 'OECD AI 권고안'을 발표했다. AI 시스템의 기획, 개발 단계부터 구축과 운영하는 단계까지 생태계 전반에 걸쳐 신뢰 가능한 AI 원칙의 가치가 고려되고 실현되는 이른바 '신뢰 가능 AI 시스템'을 구축해야 한다는 내용이다. OECD 각료이사회에서 만장일치로 해당 권고안을 채택함에 따라 이 권고안이 앞으로 전 세계의 인공지능과 로봇 관련 기술의 핵심 기준으로 활용될 전망이다.

OECD가 권고한 5가지 원칙은 다음과 같다.

첫 번째 원칙은 '포용 성장, 지속가능 발전과 복지 증진'이다. 모든 AI 이해관계자는 인류의 포용 성장, 지속가능 발전 및 복지 증진을 위해 신뢰 가능한 AI의 구현에 힘써야 한다는 것이다. 또한 AI 이해관계자는 인간의 능력과 창의력을 향상하고 소수 집단 포용을 진전시키는 방향으로 AI의 구현에 힘써야 한다. 아울러 성차별 등 사회적 불평등을 감소시키고, 자연환경을 보호하는 방향으로 AI의 구현에 힘써야 한다는 것이다. OECD는 AI의 편향이 영구적일 가능성과 취약계층에게 미칠 이질적인 영향에 대한 우려에 대하여 AI 행위자가 모델 디자인부터 구축, 운영까지 AI 라이프 사이클 전반에 걸쳐 단계마다 다양한 분야의 협력 및 의견을 수렴할 것을 권고했다. 각 정부는 모든 이해관계자가 참여한 공개토론을 반복적으로 이끌어 정책결정자들에게 포용적 성장, 지속가능한 개발 및 웰빙을 위해 편향되지 않은 정책을 수립할 수 있도록 지원할 필요가 있다고 강조했다.

두 번째 원칙은 '인간중심 가치와 공정성'이다. AI 행위자는 AI 시스템의 라이프 사이클 전반에 걸쳐 법률, 인권, 민주적 가치, 공정 등 인간중심 가치를 존중하고 지켜나가야 한다. 또한 AI 행위자는 자유, 존엄, 자치, 사생활 보호, 평등, 다양성, 공정성, 차별금지, 노동권 보장의 인간중심 가치를 지켜나가야 한다. 이를 위해 AI 행위자는 인간 중심 가치 실현을 위한 메커니즘과 인간이 최종 의사결정에 개입할 수 있는 안전장치를 마련해야 한다.

OECD는 인권 존중과 동시에 고의 또는 우발적으로 인권 침해의 위험을 우려하며 AI 행위자가 인간중심의 가치와 공정성을 지키며 기업의 사회적 책임을 다할 수 있도록 OECD에서 제시하는 인권실사의 도구를 활용할 것을 권고했다. 인권영향평가(HRIAs)를 통해 운영의 성격과 맥락, 잠재적 위험의 심각성, 그리고 실사 과정의 일부로써 지속적으로 인권에 미치는 영향을 식별할 것을 제안했다.

또한 AI 시스템의 결정이 사람들의 삶에 큰 영향을 미칠 수 있는 경우, 사회적 상황과 의도하지 않은 결과를 감리·감독할 수 있도록 했다. 인공지능의 불완전성을 사람이 보완하기 위해 인공지능의 학습 능력을 한 단계 더 끌어올린 '휴먼-인-더-루프(human-in-the-loop)' 보장을 권고한 것이다.

세 번째 원칙은 '투명성과 설명가능성'이다. AI 행위자는 사용자와 고객에게 AI 시스템에 대한 의미 있는 최신 정보를 제공함으로써 그들과 적극적으로 의사소통해야 한다. AI 시스템 활용 시점, AI 시스템 개발, 배치 및 운영방식에 대해 투명하게 정보도 제공할 수 있어야 한다. 그리고 이해관계자에게 AI 시스템의 예측, 의사결정의 기저가 되는 핵심요인과 논리에 대하여 쉽게 설명할 수 있어야 한다.

또한 OECD는 AI 시스템이 어떻게 개발·훈련·배치되는지, 그리고 AI 시스템의 영향을 받는 사람들에게 AI 행위자가 설명을 제공할 경우, 개인이 이해할 수 있도록 결정의 주요요인, 결정요인, 데이터, 결과물의 논리 또는 알고리즘을 제시해야 하고 유사한 환경에서 왜 다른 결과가 나왔는지를 설명할 것을 권고했다.

네 번째 원칙은 '보안과 안전성'이다. AI 시스템은 전 수명 주기에 걸쳐 어떠한 조건에서도 견고하게 작동되어야 하며 외부에 취약점이 노출되지 않아야 한다. AI 행위자는 AI 시스템의 결과와 반응을 분석하기 위하여 데이터 세트, 프로세스, 의사결정과정 등을 추적할 수 있어야 한다. 또한 개인정보보호, 정보보안, 외부공격의 위험을 해소하기 위하여 체계적으로 위험관리 방법을 지속해서 적용하여야 한다.

AI 시스템이 불합리한 편향 등 위험이 제기되지 않는 안정성 확보를 위하여 OECD는 AI 행위자는 장기적으로, 특정 집단에 대한 직접적인 영향뿐 아니라 총체적 피해의 잠재적 영향을 파악하고 위험을 식별하고 평가하기 위해 이해관계자와 협력할 것을 권고한다. 정부는 AI 시스템과 관련된 소비자정책 및 제품 안전 프레임워크 검토, AI의 보안, 개인정보보호 영향을 분석하여 AI 행위자가 이러한 위험을 식별하고 해결하는 데 도움을 주어야 함을 권고한다.

마지막 다섯 번째 원칙은 '책임성'이다. AI 행위자는 책임지고 AI 시스템 구현에 있어 위의 원칙을 실현하고 AI 시스템이 올바르게 기능할 수 있도록 노력해야 한다. 신뢰 가능한 AI 시스템 구현에 있어서 AI 행위자가 윤리적, 도덕적으로 행동할 수 있도록 안내하고 행동강령 등을 명시해야 한다.

OECD는 향후 AI 적용의 성격과 그 영향을 예측하기 어려울 수 있지만, '신뢰'가 디지털 변혁을 가능하게 하는 핵심 요소로 인식한다. 특히 공공분야에서 AI 시스템의 '신뢰성'은 AI 도입과 확산의 핵심 요소이다. AI 기술의 잠재적 이점은 확보하면서 관련 위험을 최소화하기 위해 AI의 영향에 대하여 충분한 정보를 바탕으로 사회 전반적 공론화가 필요하다. AI에 관련된 법률·규정·정책 프레임워크의 적절성 평가 및 새로운 접근법 개발도 필요하다.

이처럼 AI와 관련된 위험, 이익 및 불확실성이 존재한다는 것을 고려할 때, 정부가 신뢰 가능한 AI 도입을 위한 거버넌스와 가이드라인을 개발하고 구현해야 하는 특별한 필요성이 존재한다. 특히 규제 및 윤리적 관점에서 공공부문 조직은 AI를 관리하기 위한 명령 및 가이드라인을 포함한 윤리 강령을 개발하고 구현해야 할 것이다.

23
루프 안의 사회로 만드는 AI 거버넌스

'루프 안의 인간'은 알고리즘 개발 기업에 소속된 인간의 감독하에 머신러닝 알고리즘을 실행하는 방식을 말한다. 이 원리의 절차는 다음과 같다. 개발한 머신러닝 알고리즘이 얼마나 정확하고 올바른 판단을 내렸는지에 대한 신뢰점수를 매기고, 신뢰점수가 기준보다 낮으면 알고리즘 데이터는 감독자에게 보내진다. 감독자는 리뷰 및 필요한 조치를 한 후 다시 테스트 과정을 반복하여 알고리즘을 완성한다. 하지만 이 경우 알고리즘 기준을 정하고 평가하는 감독자가 특정인으로 제한되는데, 이 때문에 소수 개발자의 사회적 편견이 알고리즘에 반영되는 문제가 발생할 수 있다. 이러한 잠재적 문제점 해결을 해결하기 위해 알고리즘 개발자의 다양성을 확보하는 것이 과제라고 할 수 있다.

MIT Lab 소속의 이야드 라완(Iyad Rahwan)은 '루프 안의 인간'의 대안으로 '루프 안의 사회'를 제시하는데, 시민의 보편적 동의가 알고리즘에 반영되는 단계를 추가한 것이다.[67] 시민의 보편적 동의는 사회윤리기준으로 구체화할 수 있으며, 이 윤리기준은 정부가 시민사회와의 긴밀한 협의과정을 통해 정립할 필요가 있다. '루프 안의 사회'에서는 권리, 윤리, 법, 규범, 프라이버시, 공정성, 사회계약 등 인간사회에 통용되는 가치에 따른 알고리즘 개발과 평가가 작용하는 구조이며 사회와 기술의 공진화를 추구하는 과정이라고 할 수 있다.

그림 5 루프 안의 사회

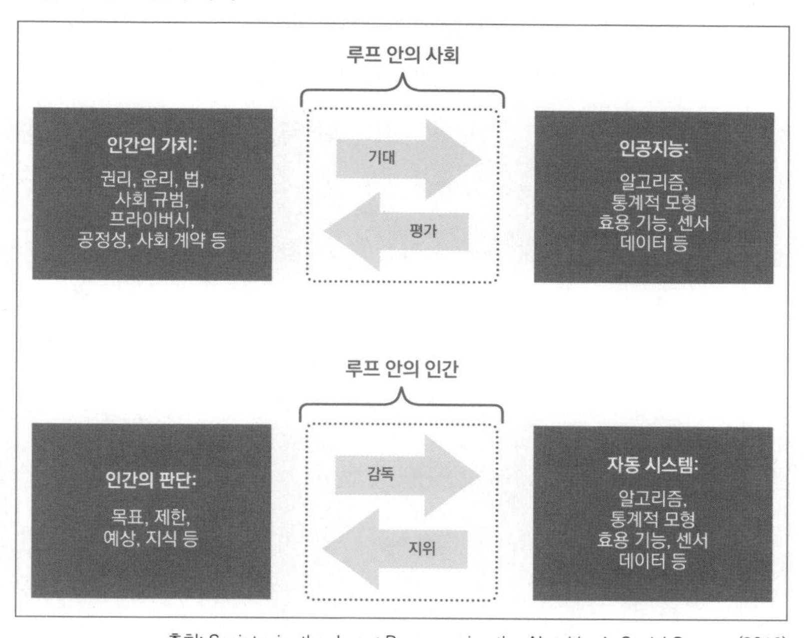

출처: Society-in-the-Loop: Programming the Algorithmic Social Contract(2016)

1979년 설립된 미국 최대 인공지능학회인 전미인공지능학회는 정부가 AI를 도입하기 위해 AI의 의사결정을 신뢰할 수 있고 윤리에 위배되지 않으며 안전하다는 것을 담보로 할 수 있도록 하는 시스템 구현을 강조했다. AI를 현장에 도입할 때, 현실적 요인으로 인한 예상치 못한 성능 저하 및 오류를 방지할 수 있는 AI 시스템 개발 방법론과 검증 절차가 필요하다는 것이다. 안전한 AI 시스템의 요소로서 학습 데이터의 무결성, 증거기반(Evidence-Based) 판단, 불확실성 및 오류를 보완하는 검증 절차 구비를 제시했다.[68]

앞으로도 사회문제와 갈등을 해소하기 위한 AI의 활용도가 점차 증가할 것으로 보인다. SNS를 통해 확산하는 가짜뉴스, 범죄 공모를 AI가 적발하고 정보 차단 등 적절한 조치를 취하는 연구가 진행되고 있다. AI가 초래하는 사회 불평등을 해결하기 위한 연구도 논의되고 있는데, 판매자가 AI를 활용하여 잠재 소비자의 주거지역, 검색기록, 소비구조 등을 파악하고 저소득 소비자에게 품질이 열악한 제품을 추천하거나 비싼 가격을 제시한다는 다수의 연구 결과가 발표됐기 때문이다.

이처럼 인공지능의 공정성에 대한 사회적 논의는 확대될 것으로 보인다. 데이터 편향성, 알고리즘 중립성 및 AI 기술에 대한 규제 필요성을 촉구하는 사회적 논쟁으로 이어질 것으로 보인다. 특히 기계 학습 연구에 활용하는 데이터가 정치, 사회, 문화, 법 제도 등과 연관성이 높을 경우 데이터 편향성에 대한 철저한 경계가 필요하다. 이를 위해서는 AI 기술 전문가와 데이터 과학자뿐 아니라 사회학자, 인류학자, 철학자 등 인문 사회연구자들이 협업을 통해 학습 데이터의 사회 문화적 맥락에 따른 오류 가능성을 사전에 긴밀히 확인하는 것이 필요하다.

AI 기술 발전에 따른 이익과 반작용에 대한 균형 잡힌 시각, 법 제도적 안전장치, 윤리적인 AI 활용에 대한 지속적 관심이 요구되고 있다. 안면인식 AI 기술로 범죄 사건을 더욱 쉽고 빠르게 해결하는 등 긍정적인 효과도 있지만, 부작용에 대한 법적 안전장치를 마련하는 등 균형적인 활용 방안이 필요하다. 또한 국가 주도적으로 안면인식을 포함한 AI 기술의 광범위한 활용을 촉진하는 중국과 시민권 및 윤리 문제로 기술 확산에 제동이 걸린 미국의 향후 AI 기술 패권 경쟁 양상이 주목된다. 우리 역시 미리 AI 거버넌스를 통해 이런 문제와 부작용에 대비해야 한다.

AI의 발전은 수년 내 정부와 공공부문에 근본적인 변화를 줄 것으로 전망되고 있어 AI의 신뢰도를 높이고 검증할 수 있는 거버넌스와 프레임워크를 구축할 필요가 있다. 공공부문에 신뢰 가능한 AI 도입을 위한 첫 번째 도전과제는 우리나라 AI 환경과 생태계를 고려하면서 국제적으로 공유 가능한 가이드라인을 만드는 것이다. 이를 위해 OECD, EU, 국제표준기구 등 AI 가이드라인을 개발하는 글로벌 기관과의 협력과 AI 가이드라인을 현장에 적용할 민간 기업들과의 협력이 필수적이다. AI의 급속한 발전과 주목할 만한 업적에도 불구하고, AI가 믿을 만한 기술인가에 대한 많은 우려가 여전히 남아있다. 특히 정부는 전면적인 AI 채택에 대한 중요한 도전에 직면해 있다. 기술이 주요 장애물이라는 일반적인 통념과는 달리, 기술 과제는 당면 과제의 일부일 뿐이며 조직에 뿌리를 둔 문화와 프로세스 또한 신뢰 가능한 AI 도입을 위해서 개선이 필요하다.

24
AI 거버넌스,
지능정부의 기반이 되다

이제 공공부문도 민간 부문과 마찬가지로 공공 서비스 및 의사결정을 개선하기 위해 폭발적으로 증가하는 가용정보를 분석하고 의사결정을 지원할 AI 애플리케이션을 찾고 적용해 나가고 있다. 이미 인지 어플리케이션을 통해 AI는 정부의 업무량과 비용을 줄이고, 사기 거래를 예측하며, 얼굴 인식을 통해 범죄 용의자를 식별하는 AI시스템을 도입해 활용 중이다. 또한 자동화를 위해 AI를 활용함으로써 정부는 시민에게 더 창조적이고 개개인 또는 개별 상황에 맞는 정밀 서비스 제공에 집중할 수 있게 된다. AI는 일상 업무를 자동화하고 개선하여 직원이 비핵심 업무에 더 적은 시간을 소비하고 혁신에 더 많은 시간을 투자 할 수 있게 함으로써 모든 정부를 보다 효율적으로 만들 수 있다.

2017년 글로벌 컨설팅 기업 딜로이트(Deloitte)의 AI 증강 정부 보고서에 따르면 미국 공공부문에서 AI를 활용하여 최대 12억 시간을 절약하고 연간 411억 달러의 비용을 절감한 것으로 보고된다. 이러한 맥락에서 이제 우리는 기존의 디지털, 즉 전자정부를 넘어 '지능정부'를 구현해야 한다. '올바른 절차'를 강조했던 전자정부와 달리 지능정부는 '올바른 결정'을 지향한다.

지능정부에서 AI의 활용방식은 크게 네 가지 유형으로 나눌 수 있다. 정책지능은 정부 정책결정과정에 예측, 시뮬레이션 등 AI의 분석결과를 활용하는 것으로 공공지능은 국민이 주권자 역할을 제대로 하도록 정치적 의사결정을 지원한다. '정부봇(GovBot)'은 공무원의 일상적, 반복적 업무를 정부봇을 활용하여 자동화함으로써 공무원은 보다 중요하고 핵심적인 업무에 집중이 가능하다. 핀테크가 신기술을 활용한 혁신적 금융서비스를 의미하듯 정부지능형 서비스(GovTech)는 국민에 대한 정부서비스를 지능화한다.

Beyond Sapiens

Chapter 8

비욘드 사피엔스 시대를 위한 AI 강국의 길

AI는 모든 분야에서 인류의 행동 패턴을 바꿀 수 있을 정도의 트리거(trigger)로 자리매김하고 있다. 대한민국이 AI 강국으로 발돋움하기 위한 길은 무엇일까. MBN 보고대회팀은 6개월 동안 광주기술과학원(GIST) 연구진과 공동 연구와 국내외 인공지능 전문가들의 조언을 통해 AI 강국을 위한 액션 플랜을 도출했다.

MBN 보고대회팀은 Beyond Sapiens 시대 대한민국 AI 강국을 만들기 위한 국가 UP 방안을 제안한다. UPTURN(상승하다, 호전되다), UPGRADE(개선하다), UPSCALE(계급·등급·척도를 하나 올리는 것)에 쓰이는 UP을 통해 대한민국 AI 강국을 이끄는 액션 플랜이다. 보고대회팀은 정부와 사회, 지역사회, 인재양성, 기업 분야에서 각각의 5-UP 방안을 마련했다. ▲ UP 1. AI 부서 설치로 한발 더 나아가자 ▲ UP 2. AI 시대의 갈등, 선제 대응하라 ▲ UP 3. AI로 연결된 사회를 만들라 ▲ UP 4. AI로 기업을 혁신하라 ▲ UP 5. AI 인재 육성 '골든타임'을 놓치지 마라

UP 1.
AI 부서 설치로 한발 더 나아가자

AI 시대 정책 의사결정은 그 어느 때보다도 빠르게 진행돼야 한다. AI와 관련한 글로벌 경쟁에서 1분 1초는 훗날 따라잡을 수 없을 정도의 격차를 발생시킬 수 있기 때문이다. 이에 MBN 보고대회팀은 AI와 데이터 관련 업무를 통합해 '지능데이터부'를 설치할 것을 제안한다.

첫발 뗀 '데이터 부처' 논의

MBN 보고대회팀은 2019년 개국보고대회 '데이터 UNLOCK 혁명'을 통해 '데이터경제부'를 신설할 것을 제안했다. MBN은 국내외 500여 명의 VIP가 모인 자리에서 "국가 차원의 데이터 경제 혁신을 가능하게 할 정부 리더십 언락의 열쇠가 필요하다. 보고대회팀은 데이터 정책을 총괄할 부처를 지명하거나 데이터경제부를 신설해 데이터·AI강국의 비전을 만들어낼 것을 제안한다"고 발표했다.

그 결과는 가시적으로 다가왔다. 2020년 정치권을 중심으로 데이터 전담기구의 설립에 대한 논의가 시작됐기 때문이다. 더불어민주당 이광재 의원은 2020년 5월 민간과 공공에 흩어진 데이터를 통합하고 관련 산업을 육성하기 위해 정부 내 데이터 콘트롤 타워의 필요성을 언급하며 "차관급 데이터청보다 위상이 높은 데이터부가 있어야 한다"고 주장했다. 한 달 뒤 김종인 당시 미래통합당 비상대책위원장은 "정부 각 부처가 가진 데이터라든가, 기타 민간이 소유한 데이터를 갖다가 종합해서 관리하자"며 데이터청을 만들자고 제안했다. 김태년 더불어민주당 원내대표도 "데이터청과 데이터거래소 신설을 검토하겠다"며 이를 거들었다. 여야 정치권이 데이터 전담기구 설치에 대한 필요성에 대해 한목소리를 낸 것이다.

AI 부서 설치로 한발 더 나아가야

데이터 관련 부서에서 한발 더 나아가야 한다는 목소리가 높아지고 있다. 전 세계는 데이터를 넘어 AI 전담부서의 필요성을 언급하고 있다. 산업적인 측면에서 AI 산업 발전과 기술력 확보를 위한 범정부 차원의 정책 추진과, AI가 산업뿐 아니라 정치, 사회, 문화, 사회 전반에 미치는 파급력이 크기 때문이다. 따라서 이를 전체적으로 아우를 수 있는 컨트롤 타워가 필요하다. Beyond Spiens 시대는 AI 전반을 전담하는 기구가 필요하다. AI 관련 기구가 없거나 뒤늦게 설치된다면 불확실성으로 인한 혼란이 불가피해 결국 사회적, 경제적인 비용을 감당해야 하기 때문이다.

AI 사회는 사회 전반의 시스템이 바뀔 수 있기 때문에 구체적으로 어떻게 AI 기술에 대처할 것인지 AI 전략계획을 논의해야 한다는 목소리도 나오고 있다. 어느 기구에서 책임을 맡고 어떤 시간표에 따라 목적을 달성할 것인지 큰 틀에 대한 논의를 해야 한다. 특히 AI 세금, 사회보장, 직업 교육 등에서 변화가 불가피하고, AI 정책을 시행함에 있어 중앙정부와 지방정부, 주민, 기업과 주도적으로 소통할 수 있는 창구가 필요하다.

'지능데이터부' 설치를 논의하자

AI와 데이터 관련 부서 '지능데이터부' 설치 논의가 시급하다. 여야가 데이터 관련 부서 설치에 대한 논의에 한목소리를 낸 만큼 AI 부서 설치에 정부와 정치권의 공감대 마련이 필요하다. 정부도 2020년 '국가정보화 기본법'을 '지능정보화 기본법'으로 전면 개정하며 지능정부로의 필요성을 언급했다. 미국은 'AI 이니셔티브 액트'를 초당파적으로 발의하고 2019년 5월 '국가 AI 협력청'을 설립했다. 영국은 AI 전략 추진을 조정·감독하기 위해 산업계와 학계가 모인 'AI 사무국(Office for AI)'과 AI 활용을 지원하기 위한 'AI 위원회(AI Council)'를 설립한 바 있다.

지능데이터부 설치 논의와 동시에 진행돼야 할 것이 뿔뿔이 흩어져 있는 위원회의 통합 논의다. 데이터와 AI 관련 위원회는 '대통령 직속 4차산업혁명위원회'와 국무총리 산하 '공공데이터전략위원회', '데이터 3법'의 후속 조치로 설립된 '개인정보보호위원회' 등이 있어 각각 다른 성격의 위원회로 활동하고 있다. 이는 대통령 직속, 국무총리 산하, 부처

산하로 상하 관계가 나뉘어 있어 시너지 효과를 내기 위해 지능데이터부 아래 설치를 고려해볼 필요가 있다.

AI 시대 위한 거버넌스 구축

지능데이터부가 설치된다면 가장 먼저 AI 강국에 맞는 거버넌스를 정립해야 한다. 다양한 분야에서 진행되는 AI 기술개발과 산업발전을 견인하고 사회변화에 대비하기 위한 종합적 정책추진과 거버넌스 정립의 필요성이 제기되면서 전 세계는 거버넌스 구축을 추진하고 있다. 거버넌스 체계 정립에 정부와 국회, 학계, 업계, 시민단체 등 다양한 분야의 주체가 논의할 수 있는 대화기구가 필요하다는 의견이 제기되는 만큼 새 부서를 중심으로 논의를 해야 할 필요성이 제기된다. AI의 경우 신기술의 등장으로 새롭게 추구되는 가치와 기존의 법 제도가 보호하고자 하는 가치가 충돌할 수 있어 사회적 논의를 통해 이를 조정하는 역할이 필수적이라고 볼 수 있다.

UP 2.
AI 시대의 갈등, 선제 대응하라

AI 시대가 갈라놓을 계층 간의 갈등을 미리 대비해야 한다. Beyond Sapiens 시대의 AI는 기술의 변화가 아니라 사회 전반의 변화로 진행된다. 가장 먼저 다가올 것이 직업군의 변화다. 이어 소득의 변화, 계층 간의 변화로 이어지고, 도시의 집중도도 가속화될 수 있다. 직업에서 시작된 변화의 시작이 경제적인 측면으로 이어지고, 이는 사회 전반에서의 불평등을 야기할 수 있다.

AI 기술과 현재 기술의 갈등도 대비해야 한다. 이에 AI 남용과 관련된 규제, AI와 인간과의 관계 등에 관한 윤리적인 측면을 무시할 수 없게 되었다. 사회 전반에 걸쳐 낡은 방식과 패러다임 그리고 AI 시대 새로운 방식과 패러다임 간의 갈등에 대한 국가와 국민, 사회의 준비된 자세가 필요하다.

선제적 대응 필요성 인지

2020년 5월 국회 본회의에서 국가정보화 기본법을 지능정보화 기본법으로 전면 개편하는 개정안이 통과됐다. 정부는 AI 시대 선제 대응의 필요성을 인지하고 이에 발맞춰 낡은 법안을 새로운 법안으로 전면 개정하기에 이른 것이다.

이 개정안에서는 국가차원의 AI 윤리 준칙 마련, 기술안전성을 확보하기 위한 보호조치에 관한 근거, 일자리·교육·복지 등 대책 마련 등을 규정하여, 새로운 기술의 활용·확산에 따른 역기능을 방지하고 사회변화에 대응하기 위한 시책까지 담고 있다. 또한 세계 최고 수준으로 평가받는 우리나라 정보통신 분야의 경쟁력을 지속해서 유지·발전시키기 위해서는 정부와 민간의 역량을 모아 가장 효율적인 집행체계를 만드는 것이 시급한 과제라고 밝혔다. 우리 사회는 AI, 데이터, 5G 등 첨단 기술의 혁신적 발전으로 초연결·초지능 기반의 4차 산업혁명 패러다임에 접어들고 있다. 이에 4차 산업혁명에 따른 사회·경제적 변화에 선제적으로 대응하기 위한 범국가적 추진체계 구축과 기술혁신을 위한 규제체계 정비가 필요하다는 판단에서 시급한 과제로 떠올랐다.

나아가 4차 산업혁명은 자율과 창의성을 바탕으로 한 민간이 주도하는 것이 바람직하지만, 소규모 개방경제 체제인 우리나라에서는 정부가 전략 기술 개발, 공공투자 확대, 제도정비 및 생태계 구축 등을 통해 민간을 적극적으로 지원할 필요가 있다고 언급했다. 특히 4차 산업혁명 시대에는 일하는 방식이 변하고 기술 융합으로 산업이 재탄생하는 등 이른바 '파괴적 혁신'을 통한 생산성의 혁명이 일어날 것이라는 점에서 일자리·교육·복지 등 사회제도의 근본적인 변화도 예상된다고 언급했다.

산업 가로막는 제도를 보완하라

영화 〈마이너리티 리포트〉는 2054년 사회를 바탕으로 범죄 예측 시스템을 이야기했지만, 2020년도 각 국가는 AI를 통해 범죄 없는 국가로 진행하고 있다. 이만큼 AI 기술은 급속도로 발전해 이와 관련된 그룹 간의 갈등 역시 급속도로 다가올 수 있다. 특히 AI 기술과 관련된 법안의 미비는 그룹 간의 갈등을 초래할 뿐 아니라, 산업 간의 갈등으로 이어지면서 갈등 비용과 기술 발달의 지체를 야기해 결국에 윈-윈의 반대로 향할 수 있다.

자율주행자동차 시장은 앞으로 전 세계에서 빠르게 성장할 것으로 전망되고 있다. 2019년 54억 달러 규모의 전 세계 자율주행자동차 시장은 2026년 556억 달러로 연평균 39.5% 성장할 것으로 예측된다. 미국에서는 구글의 모회사 알파벳의 자율주행 관련 자회사인 웨이모(Waymo)가 2017년 4월부터 미국 애리조나 주 피닉스 지역에서 자율주행 차량 무료 호출 프로그램을 운영하고, 2018년 12월부터 해당 지역에서 자율주행자동차 상용 서비스를 개시했다.

이와 함께 전 세계는 자율주행자동차 운행 기반 마련 등 신기술 수용을 위하여 법제도를 신속하게 정비하면서, 알고리즘의 공정성·책임성을 강화하고 AI 오남용을 방지하는 입법도 추진하고 있다. 독일과 일본 등은 자율주행자동차 운행을 허용하는 법률을 신속하게 마련하였으며, 미국의 일부 주 정부는 AI 오남용 규제 방안을 실제 입법화했다.

우리나라도 2020년 5월 시행된 「자율주행자동차 상용화 촉진 및 지원에 관한 법률」에 관련한 정책추진체계 정비, 자율주행 안전구간의 지정, 시범운행지구 도입, 인프라 구축·관리, 관련 생태계 기반 조성 등의 내용을 담았다. 또 2020년 11월 자율주행차 사고가 발생했을 때 책임 소재를 명확히 가리기 위해 조사를 전담하는 기구인 '자율주행차 사고조사위원회'가 출범했다. 그러나 갈 길은 멀다. 자율주행자동차 허가와 등록, 운행 근거를 마련해야 하고, 기록 장치를 강화해야 하며, 도로와 교통안전시설 정비, 정보수집과 관련된 법 제도의 개선이 필요하다는 지적이다.

자율주행차 관련 제도 정비의 필요성은 대부분 인지하고 있지만, 이를 스마트모빌리티 시장으로 확대하면 여전히 제도 정비는 아직 갈 길이 멀다. 택배로봇은 법상 자동차로 분류할 수 없어 일반 도로를 달릴 수 없고 해외에서 상용화된 드론 택시 또한 비행기로 분류되지 않아 국내에서는 사람이 탈 수 없다. 스마트모빌리티시장 발전에는 제도적 보완점이 많다.

드론은 2020년 5월 드론의 정의규정와 드론산업발전 기본계획 수립, 드론 특별자유화 구역 지정 및 드론시범사업구역 지정·관리 등의 내용을 담고 있는 「드론 활용의 촉진 및 기반조성에 관한 법률」(약칭: 드론법)이 시행되고 있다. 드론 기술 및 산업 발전을 위하여 무인기기에 대한 개념을 정의하고 비행 규제는 완화하되 드론이 취득한 개인정보의 보호는 강화하는 내용의 법제도 개선사항이 제시되고 있다.

또한 「항공안전법」상 무인기의 목적·특성 등을 반영한 별도의 정의 규정을 마련하고, 산업진흥과 국방·안전을 함께 고려하여 기존 드론 전용 비행구역을 확대하는 방안 등과 드론에 의한 정보침해 방지를 위해 드론을 「개인정보 보호법」상 영상정보처리기기에 포함하는 방안이 제시되고 있다.

국회가 4차 산업 관련 법안을 발의하지 않은 것은 아니다. 그러나 논의를 하지 않고 있다는 것이 문제점으로 지적되고 있다. 특히 국회가 끝나는 시점에 발의된 법안이 폐기되기 때문에 새로운 국회가 시작되면 법안 발의를 새롭게 해야 하는 등 원점에서 다시 출발해야 하는 문제점이 있다.

AI 시대의 핵심인 로봇과 스마트도시, 의료, 스마트공장, 저작권, 손해배상 등과 관련해서도 이와 관련된 법안들이 속속 발의되고는 있지만, 국회를 벗어나지 않고 있다. 법률 미비가 자칫 인공지능 산업 발전의 발목을 잡을 수 있다는 우려가 제기되고 있다.

기본소득·로봇세를 논의하라

AI 시대 가장 급격하게 변할 부분은 바로 일자리다. AI가 인간을 대신해 대량 실업 사태가 일어날 것이라는 보고가 나오고 있는가 하면,

일자리의 변화만 있을 뿐 경제가 발전해 더 많은 일자리가 생겨날 것으로 예측하는 전문가들도 많다. 전자와 후자 모두 일자리가 변화할 것이라는 데는 이견이 없다. 이 과정에서 생기는 실업과 부의 재편 문제가 발생할 수 있다. 더 나아가 인간보다 AI를 고용한 고용주가 소득을 많이 가져가 새로운 불평등이 야기될 수도 있다.

4차 산업혁명을 주도하는 선진국에서는 기본소득과 로봇세와 같은 사회안전망 구축과 관련한 논쟁이 뜨겁다. 특히 2020년 코로나19 사태를 겪으면서 논의가 확대되고 있다. 기본소득은 1재산·노동의 유무와 상관없이 모든 국민에게 조건 없이 빈곤선 이상으로 살기에 충분한 월간 생계비를 지급하는 것을 말한다. 경제는 생산과 소비 활동으로 이어지는데, 감염병 충격과 부의 쏠림으로 소비 활동에서 제약이 발생해 기본소득을 통해 경제의 순환 구조를 끊기지 않게 하기 위함이다. 세계적인 IT 기업 CEO들이 기본소득 도입을 꺼내는 이유와 맥을 같이하고 있다. AI 기술을 앞세운 기업들은 부를 축적하지만, AI로 인해 일자리를 잃는 사람이 늘어 이대로 양극화가 진행될 경우 자본주의 자체가 흔들릴 것이라는 위기감 때문이다.

로봇세 논의도 뜨겁다. 로봇세는 로봇으로 인해 줄어든 일자리나 늘어난 수입을 고려해 세금을 걷자는 것이다. 인간의 노동을 대체하는 로봇의 노동에 대해 세금을 매기는 것으로, 이 같은 주장은 소득세와 재산세 분야에서 주로 제안되고 있다.

개인정보 보호와 정보 제공에 가치를 부여하라

각국은 데이터·개인정보의 활용도를 높이면서도 정보주체의 권리를 강화하는 방식으로 개인정보의 보호와 활용의 균형을 도모하여 데이터 기반의 AI 시대에 대비하고 있다. EU의 개인정보보호규정인 GDPR(General Data Protection Regulation)은 정보주체의 동의 없이 가명처리된 정보의 이용을 허용하여 개인정보의 활용도를 높인다. 한편으로 자동화된 정보 처리만으로 이뤄진 결정이 자신에게 법적 영향 등을 미치지 않도록 거부할 권리인 '프로파일링 거부권' 등을 도입하여 정보주체의 권리를 강화했다. 입법으로 규율이 어렵거나 시기상조인 것으로 평가되는 사항들에 대하여 윤리적 기준을 마련, 표준화 및 인증제도 도입으로 자율적이고 유연한 규제체계를 만들어가고 있다. 특히 EU 집행위원회 등의 국가기관, OECD, UNESCO 등의 국제기구, 전기·전자기술자협회 등의 단체에서 AI 도입에 따른 윤리적 기준을 활발하게 논의하고 있다.

개인정보 보호와 함께 개인정보의 대가 측면의 디지털세에 대한 논의도 이뤄지고 있다. 산업화 시대 자본의 근본은 자원이나 노동력이 풍부한 곳에서 나왔다. 그러나 AI 시대는 다르다. 디지털 자본주의의 가치 생산 방식이 획기적으로 변하고 있다. 부의 원천이 인터넷망과 디지털에서 나오기 때문이다. AI의 원천이 되는 데이터의 경우 불특정 다수의 데이터가 모여 커다란 가치를 만들지만 이를 공정하게 배분할 수 있는 시스템은 갖춰져 있지 않다. 이러한 디지털 자본주의로 인해 산업화 시대와 다른 또 다른 부의 편중 현상이 벌어지고 있고, 이를 막기 위한 디지털의 소유권 논의와 디지털세 도입도 대두되고 있다.

인간의 윤리와 다른 Beyond Sapiens 윤리를 세워라

글로벌은 AI 윤리에 대한 논의가 한창이다. AI 기술의 파급력에 대한 사회적 논의와 연구를 지속하면서 기술개발·산업진흥과 역기능 대응의 양 측면 모두에서 입법을 시도하고 있으며, 윤리적 기준 마련도 추진하고 있다. 주요국들은 AI 관련 정책 및 입법에 관한 논의를 일회성으로 끝내지 않고 이해관계자들과 광범위하게 소통하면서 지속해서 추진하고 있다. 특히 여러 국제기구, 비영리단체들이 AI 기술의 안전하고 윤리적인 개발과 활용을 위하여 윤리 가이드라인을 제시하고 있다.

EU 집행위원회는 AI 윤리 가이드라인 마련에 있어 독립적인 전문가 그룹을 구성하였으며, 추후 이해관계자들과 지속해서 소통할 것을 계획하고 있다. OECD의 과학기술혁신국(DSTI) 산하 디지털경제정책위원회(CDEP)는 2019년 5월 AI 권고안을 제안했다. 2018년 5월에 인공지능 전문가 그룹(AIGO)이 구성되어 AI의 신뢰 및 도입 원칙을 마련하였으며, 2019년 3월 개최된 '한-OECD AI 컨퍼런스'에서 AI 권고안 초안을 소개하였고, 5월 말 각료이사회에서 공식적으로 채택했다.

UNESCO 집행위원회는 2019년 3월 AI 윤리 표준화 작업을 위한 예비보고서를 승인하고 발간하였으며, (2019년 총회에서 권고안을 채택할 예정) 미국의 비영리단체인 Future of Life는 2017년 1월 아실로마에서 열린 AI 컨퍼런스에서 관련 기술 개발자들이 지켜야 할 23개 원칙을 제시했다. 전기·전자 기술자 협회(IEEE)는 2019년 4월 AI·자율 시스템에 구현될 윤리적 규범을 규정한 〈윤리적 설계(Ethically Aligned Design)〉 보고서 초판을 발간했다. 위 보고서는 원칙 제시에 그치지 않고 AI 기술에 따른 '행복지수' 개발, 윤리적 기준 준수 여부를 감독·규제하는 기관과 인증제도의 필요성 등을 제시했다. IEEE 산하에 세부 실행계획별로 표준을 개발하는 작업반을 운영하고 있다.

UP 3.
AI로 연결된 사회를 만들라

AI는 융합의 결정판이다. 기존 두 번의 겨울을 맞이해 융성의 길로 들어선 것은 바로 융합의 힘이었다. AI에 대한 연구와 딥러닝을 할 수 있는 GPU의 하드웨어 기술의 발달과 초고속인터넷과 5G 통신망으로 축적된 데이터의 융합으로 AI가 발전할 수 있게 된 것이다. AI 시대에 살아남기 위해서는 융합을 통한 플랫폼 방식이 필수적이다. AI 기술은 거대한 플랫폼의 결정판이기 때문이다.

특히 지자체의 경우 적은 인구라는 고질적인 문제를 AI 융합을 통해 극복할 수 있다. 일본의 경우 고령화와 생산인력 부족, 지방소멸이라는 골치 아픈 문제를 자율주행차와 휴머노이드 로봇, 웨어러블 로봇 등 AI 기술로 해소하기 시작했다.

도시-기업-대학교 AI 클러스터로 융합하라

AI 시대 지역사회는 기회이자 위기로 다가올 수 있다. 재택근무가 보편화되면서 직장과 집이 가까운 근접성이 낮아지며 지역사회의 발전

가능성도 엿보이지만, 동시에 전통 제조 기업의 하락으로 지역사회가 위기에 직면하고 있다. 이 때문에 지역 사회는 4차 산업혁명을 바탕으로 한 클러스터 조성으로 이를 극복해 나가는 것이 선택이 아닌 필수가 됐다.

4차 산업혁명과 함께 세계 도시들은 각 도시의 문제들을 극복하기 위해 융합을 시도했다. 대표적으로 노스캐롤라이나, 뉴욕시, 시애틀 등 3곳에서 도시와 대학, 기업의 융합이 이뤄지며 도시 문제를 극복하고 있다.

노스캐롤라이나 지역의 경우 제조업 핵심 산업의 붕괴와 지역 인재 유출의 심각성으로 인해 노스캐롤라이나주립대학, 듀크대학이 주축이 된 클러스터가 조성됐다. IBM 연구원 출신인 노스캐롤라이나 대학교수 중심으로 IBM 연구센터를 유치한 뒤 단지 내 대기업 입주와 고용이 급격히 증가했다. 특히 여기에 설치된 리서치 트라이앵글 파크(Research Triangle Park, RTP)의 초기 설립부터 운영에 이르는 실제적인 업무에 참여할 뿐만 아니라 연구단지의 지속적인 성장을 위한 새로운 비전과 운영방침을 설정하는 등 미래전략구상도 주도한 게 성공 원인이었다.

뉴욕시는 2008년 금융위기 이후, 테크 시티(Tech City) 경제개발 정책 수립 및 도시경제개발계획을 발표하면서 클러스터 계획을 시작했다. 세계 최고 수준의 기술기반 스타트업 생태계 계획 발표 및 코넬대학교의 NYC Tech Campus 프로젝트가 시작됐다. 뉴욕에서는 나아가 초·중·고등학교 연계 과정까지 만들어졌다. 뉴욕시립대학교-IBM-뉴욕시가 협력하여 고등학교-대학 연계 교육과정인 'P-Tech', 초·중등 학생들의 기술에 대한 이해를 돕고 이를 통한 스타트업 역량까지를 계발해주는 'NYC Generation Tech' 프로그램 등을 대학과 연계하여 운영하고 있다.

미국 서부 시애틀은 제조업과 목재업에 크게 의존해 성장했지만, 현재는 지속가능한 전망이 사라진 상태다. 이에 시애틀은 워싱턴대학과 주도하고 마이크로소프트 대기업이 이전하면서 본격적으로 클러스터 조성이 시작됐다. 게다가 마이크로소프트 직원들이 퇴사해 독자적 사업체를 설립해서 시애틀 지역에 많은 회사들이 탄생했고, AI 기반의 페이스북, 애플, 트위터 등의 엔지니어링 오피스가 시애틀에 입주했다. 또 2015년에는 중국의 알리바바도 미국 내 거점으로 시애틀을 선택했다. 급속한 인구증가 등으로 도시가 직면한 문제들을 해결하기 위해 종합계획이 마련됐고, 그 핵심전략으로 '어반빌리지(Urban Village)'전략을 채택하기도 했다.

클러스터 조성만이 살길

도시 문제의 해결과 AI 인재들이 일할 수 있는 클러스터 조성이 전세계적으로 조성되고 있는 상황에서 국내에서는 광주광역시가 AI와 관련된 클러스터 물꼬를 텄다. 광주광역시는 2020년 AI 비전을 선포하고, 광주 첨단 3단지에 AI 관련 연구소와 데이터센터를 유치하겠다고 선언했다. AI 전문 인력 양성을 하는 광주과학기술원(GIST)과 광주광

역시가 만난 첨단 3단지에 AI 클러스터 조성이 완료되면 국내 AI 산업 발전에 크게 기여할 것으로 보고 있다. 지자체의 적극적인 의지와 지원 아래 데이터센터 구축과 인력이 모인 뒤 AI 전문 기업의 투자까지 선순환 구조로 이어지면 향후 AI 강국으로 발돋움하는 클러스터로 거듭날 전망이다.

특히 향후 AI는 슈퍼컴퓨터의 주요 수요처로 부상할 것으로 예상되며, AI 인프라 생태계 조성을 위한 AI 특화 슈퍼컴퓨터의 투자가 활성화될 것으로 보인다. 따라서 우리나라 역시 광주 AI 클러스터에 도입될 슈퍼컴퓨터급 AI 인프라 등 관련 정책을 통해 국가 AI 경쟁력 확보와 AI 연구개발 생태계를 고도화할 필요가 있다.[69]

AI로 연결된 사회로 추진하라

대한민국은 아직 연결된 사회로 진입하기 위한 조력자(Enablers) 그룹에 속해있다. 2018년 맥킨지 보고서에 따르면, 국가별 'AI 준비도'에서 한국은 4개 그룹 가운데 2그룹에 속했다. 1그룹은 모든 것이 AI와 연결된(AI-related) 그룹으로, 중국과 미국 두 국가가 속했다. 2그룹은 17개국이 속해 있는 조력자 그룹으로 분류됐다. 이 그룹은 강력한 조력자 기반을 제공하여 AI의 이점을 포착할 수 있는 위치에 있는 것으로, 이 그룹에 포함된 국가 중 상당수는 더딘 생산성(Productivity Growth) 때문에 AI를 채택하려는 동기가 있다고 봤다.

그 그룹에는 독일과 일본, 영국 등 여러 거대 국가들이 속해 있는데,

이들은 대규모 혁신을 주도하고 AI 솔루션의 상용화를 가속화할 수 있는 역량을 갖추고 있다. 우리나라와 핀란드, 싱가포르, 스웨덴 같은 비교적 작지만 세계적으로 연결된 국가들은 일반적으로 새로운 비즈니스 모델이 번창할 수 있는 생산적인 환경을 조성하는 능력에서 높은 점수를 받았다.

주도권 잡기 시작한 AI 플랫폼 시장

미국에서는 AI 플랫폼 전쟁이 펼쳐지고 있다. 전 세계 100만 명이 시청해 1초에 2억 원이 넘는다는 미국 슈퍼볼 광고에서 2020년 중 가장 기억에 남는 기업은 구글과 아마존이었다. 구글은 자사 AI 플랫폼 어시스턴트를 소개하는 '로레타(Loretta)' 광고를, 아마존은 'Before Alexa' 광고를 틀었다. 로레타는 먼저 할머니를 떠나보낸 할아버지가 할머니를 잊지 않기 위해 기억을 잊지 않는 법을 구글에 검색하는 감성적인 광고다. 학습한 AI 어시스턴트가 할머니와 함께했던 사진들을 찾아주는 것이다. 반면 아마존의 Before Alexa는 직관적인 광고다. 아마존의 AI 알렉사가 없었던 시절 알렉사와 이름이 비슷한 비서들이 이를 대체했다는 내용이다.

AI 플랫폼 경쟁이 본격화된 것은 2018년 CES였다. 구글이 어시스턴트라는 AI 서비스를 들고나와 가전과 스피커, IT기기에 접목했다. 그보다 1년 전 아마존이 알렉사를 들고 와 전 부스를 장악한 뒤 1년 만이었다. 그 뒤 구글과 아마존, 그리고 MS, 애플 등이 AI 서비스 경쟁에 나서 AI 플랫폼을 주도하기 위한 세계대전이 펼쳐지고 있다.

국내 AI 융합 플랫폼으로 글로벌과 경쟁하라

국내 AI 기업들도 각각의 AI 서비스를 내놓으며 경쟁이 치열하다. 기업 간 경쟁으로 치러지던 AI 서비스가 2020년 들어 플랫폼 구축을 위한 융합을 시도하고 있다. 모바일 운영체제 시장에서 구글의 안드로이드, 애플의 IOS가 양분한 것을 학습한 AI 업체들이 '대마불사'의 플랫폼 비즈니스를 이미 학습했기 때문이다. 국내 AI 플랫폼 업체들은 서비스 융합을 통해 범용화된 AI 서비스로 살아남아야 하며, 이를 토대로 글로벌 무대에 진출을 꾀해야 한다. 또한 국내 기업의 연합체를 벗어나 글로벌 AI 업체와 연합전선의 필요성에 대한 목소리도 나온다.

국내 AI 업체들은 크게 세 곳의 AI 관련 플랫폼을 구축해 규모의 경제에 나서고 있다. KT·LG전자·LG유플러스 연합군인 'AI 원팀(One Team)'과 SKT·삼성전자·카카오의 AI 연합이다. 또한 네이버를 중심으로 한 플랫폼도 있다.

■ AI 원팀(One Team)

AI 원팀은 2020년 2월 KT·LG전자·LG유플러스·현대중공업그룹·한국과학기술원(KAIST)·한양대학교·한국전자통신연구원(ETRI)·등이 참여한 산학연 협의체다. AI 원팀의 목표는 국내 대표적인 AI 연합체로 발돋움하여 AI 오픈 생태계를 조성하는 등 국내 AI 산업 경쟁력을 올리는 것이다. 이를 통해 AI 플랫폼을 활용한 새로운 서비스를 발굴하는 등 각 산업 영역이 AI 서비스·알고리즘 등을 활용할 수 있도록 할 계획이다.

KT는 AI 원팀의 효율성을 높이기 위해 논의체제를 'AI 구루 그룹(Guru Group)'과 '라운드테이블'로 구분하며 본격적인 활동을 시작했다. 5월 개최한 라운드테이블에서는 KT와 현대중공업그룹에서 제시한 AI 음성 인식 기술 고도화, 딥러닝 기반 음성합성 기술, 고장 예측을 위한 스마트팩토리 AI 고도화 등과 실제 생활이나 산업현장에 적용 가능한 과제를 집중 논의했다.

■ SKT·삼성전자·카카오 AI 협력 전선

SKT·삼성전자·카카오는 'AI 초협력' 전선을 구성했다. 3사는 사장단 급에서 AI 협력 방안 논의가 진행 중이며 각자 서비스하는 AI 음성 비서(아리아, 빅스비, 카카오)의 통합 작업 등을 추진하고 있다. 이번 협력으로 SKT의 AI스피커 '누구', 삼성전자의 스마트폰 '갤럭시 시리즈', 무선이어폰 '갤럭시 버즈' 등 다양한 제품에 향상된 성능의 AI 탑재를 기대하고 있다. 특히 삼성전자의 무선 이어폰 '갤럭시 버즈'에 삼성전자 AI 플랫폼 '빅스비' 외에도 SKT '아리아', 카카오 '헤이카카오'를 호출해도 자동 음악 재생이 가능해지도록 AI 비서를 호환할 예정이다. SKT와 카카오는 2019년 10월 3,000억 원 규모의 지분을 교환하며 전략적 파트너십을 체결했다. 이를 통해 SKT는 카카오 지분 2.5%, 카카오는

SKT 지분 1.6% 보유하고 있다.

■ 네이버, 글로벌 AI 연구벨트 구축

네이버는 아시아와 유럽을 잇는 '글로벌 AI 연구벨트' 구축에 주력하고 있으며 AI 플랫폼 '클로바'를 개방하는 등 독자적인 생태계 구축에 노력하고 있다. 지난 수년간 세계 곳곳에 AI 거점을 마련하고 있으며 2017년에는 미국 제록스로부터 유럽의 주요 AI 연구소인 '제록스(Xerox) 리서치센터유럽(XRCE)'을 인수해 80여 명의 핵심 연구인력을 확보했다. 2018년에는 홍콩과학기술대학교와 함께 AI 연구소를 설립했으며 동남아 AI 강국인 베트남의 대학교들과도 공동 연구를 진행 중이다. 이 외에도 2016년에는 일본 자회사 라인의 '라인데이터랩스(LINE Data Labs)'를 설립했으며 100명 수준의 AI 개발 인력을 2021년까지 200명으로 증원할 계획이다. 아울러 AI플랫폼인 클로바를 개방하여 30여 곳 이상의 기업들과 제휴협력 관계를 맺는 등 클로바 플랫폼 사용을 확대하고 있다.

UP 4.
AI로 기업을 혁신하라

AI 기술은 기업에 크게 3가지 측면으로 적용된다. 첫 번째로는 기존 사업을 혁신하는 방식이고, 두 번째로는 비용절감, 마지막은 새로운 부가가치 창출 측면이다. 글로벌 시가총액 상위기업이 모두 AI 기업이 되는 상황에서 국내 기업이 AI 기업으로의 재편은 선택이 아닌 필수다. PC 시대에는 검색창에 20개의 업체가 검색됐다면 모바일 시대는 5개, AI와 말로 대화하는 시대에는 AI가 오직 하나만 추천해줄 수밖에 없어 'No.1'만이 살아남는 시대로 접어든 것.

AI로 기업을 혁신하라

국내 기업 100곳 중 AI 기술을 이용하는 기업은 단 1곳에 불과했다. 과학기술정보통신부 조사 결과에 따르면 2018년 말 국내 기업의 인공지능 기술과 서비스 이용률은 0.6%로 집계됐다.[70] 100개 기업 중 1개 기업 꼴이다. 10인 이상 사업체의 경우도 2.1%에 불과했다.

더 큰 문제는 인공지능 기술 도입의 필요성도 크지 않다고 여기는 것이다. 같은 조사 결과 인공지능 기술과 서비스를 알고 있지만 이용하지 않는 사업체 가운데 97% 정도는 앞으로도 인공지능 기술과 서비스를 이용할 의향이 없는 것으로 조사됐다. 그 이유 중 가장 큰 것은 필요성 부재(83.6%)였다.

표 10 인공지능 기술 및 서비스 이용 여부

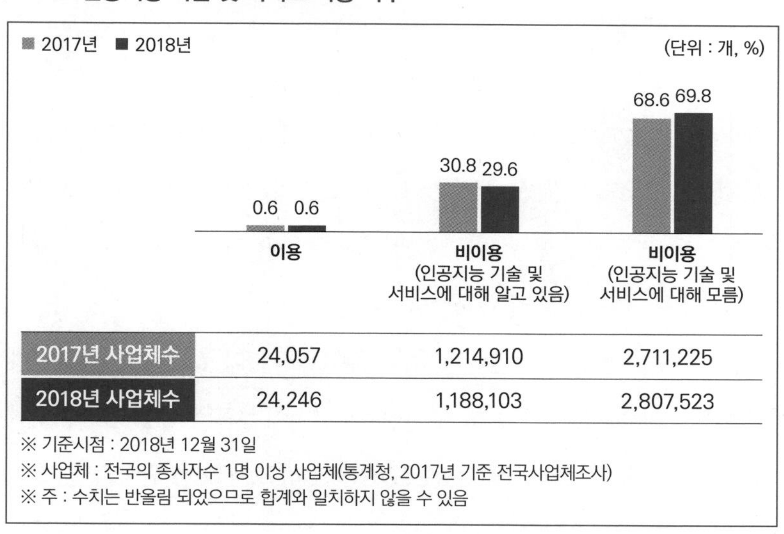

	이용	비이용 (인공지능 기술 및 서비스에 대해 알고 있음)	비이용 (인공지능 기술 및 서비스에 대해 모름)
2017년 사업체수	24,057	1,214,910	2,711,225
2018년 사업체수	24,246	1,188,103	2,807,523

※ 기준시점 : 2018년 12월 31일
※ 사업체 : 전국의 종사자수 1명 이상 사업체(통계청, 2017년 기준 전국사업체조사)
※ 주 : 수치는 반올림 되었으므로 합계와 일치하지 않을 수 있음

AI 기술은 부가가치 창출뿐 아니라 기업 혁신의 최전선에 서고 있다. IDC 리튜 조치(Ritu Jyoti) 프로그램 부사장은 "기업들이 AI를 채택할 수 있기 때문만이 아니라 반드시 도입해야 하기 때문"이라고 밝혔다. 그는 AI에 대해 "기업이 민첩하고 혁신적이며 확장할 수 있도록 돕는 기술"이라고 말했다.

기업들, AI 시대 트리거를 잡아라

글로벌 시가총액 상위기업인 마이크로소프트, 아마존, 애플, 구글, 페이스북 모두 데이터와 AI를 기반으로 한 기업으로 막대한 부를 창출하고 있다. 2019년 문재인 대통령과 만난 손정의 소프트뱅크 회장은 우리나라가 집중해야 할 분야는 첫째도 AI, 둘째도 AI, 셋째도 모두 AI라고 강조한 바 있다.

정부는 2030년까지 AI 반도체를 '제2의 D램(DRAM)'으로 본격 육성에 나서기로 했다. 정부는 2020년 10월 'AI 반도체 선도국가 도약으로 AI·종합반도체 강국 실현'을 비전으로 2대 추진전략과 6대 실행과제를 마련했다. 정부가 AI 반도체에 시선을 돌린 이유는 무엇일까. 아직 글로벌 절대 강자가 없기 때문이다.

CPU로 대변되는 인텔과 AMD, GPU 시장의 절대강자 엔비디아(NVIDIA)가 있지만, AI 반도체 시장은 미래 격전지 시장이다. 21조 원에 머물러 있는 AI 반도체 시장은 2030년 전체 시스템 반도체 시장의 3분의 1 수준인 135조 원까지 커질 전망이다. 파이는 급속도로 커지지만 절대 강자가 없는 시장을 선점하겠다는 것이다.

이를 위해 정부는 AI 반도체 플래그십 프로젝트 추진으로 넘버1 기술리더십을 확보하고, 세계 1위 메모리 역량으로 신개념 PIM 반도체 초격차 기술에 도전하기로 했다. 도한 국가 AI·데이터댐 인프라에 AI 반도체를 시범 도입·실증하기로 했다.

로봇 시장 성장은 압도적이다. 국제로봇연맹에 따르면 글로벌 로봇 시장은 2019년 3조 4,768억 달러(약 4,053조 원)로 평가되고 있는데, 2020년에는 4조 3,664억 달러(약 5,091조 원)로 성장할 것으로 보인다. 로봇 숫자도 10배 팽창할 것이라는 전망이다. 옥스퍼드이코노믹스(Oxford Economics)에 따르면 로봇의 숫자는 향후 10년간 극적으로 팽창할 것으로 전망된다. 오늘날 로봇은 2000년 대비 3배 이상 증가해 2020년 현재 225만 대가 전 세계에 퍼져있는 것으로 추산되고 있다.

단순한 메카트로닉스에서 자동화, 엔지니어링, 배터리, 인공지능, 머신러닝의 발전이 함께 맞물리면서 로봇 자체가 고도화되고 있다. 또 부품의 발전은 로봇 생산 단가의 지속적인 하락을 부르고 있다. 특히 로봇 설비가 30% 늘어날 경우, 글로벌 GDP는 5조 달러(약 5,833조 원) 늘어날 것이라고 옥스퍼드이코노믹스는 분석한다.

AI 기술을 사라

AI 기업들은 글로벌 AI 기업을 인수합병하고 스타트업과의 협업도 필요하다. AI 기술과 인재 확보가 최우선 과제로 꼽히기 때문이다. 아이폰 제조회사인 애플은 지난 10년간 AI 업체 20곳을 인수했다. 애플은 이제 아이폰을 만드는 회사라기보다 아이폰을 활용해 AI 서비스를 지원하는 AI 기업임을 강조한다.

AI의 핵심 인재를 쉽게 채용하지 못하는 상황에서 인수합병을 통해 AI 기술뿐만 아니라, 핵심 인재의 확보 측면에서 일석이조의 효과를 얻을 수 있다. 따라서 각 기업은 다양한 세부 기술력을 보유하고, 각각의 기술을 상용화하고 있는 스타트업에 관심을 기울여야 한다. 정부는 AI 스타트업 생태계를 이끌고, 기업들은 스타트업과의 협업과 인수합병을 통해 빠르게 변화할 앞으로의 AI 기술 시장에 대처해야 한다.

UP 5.
AI 인재 육성 '골든타임'을 놓치지 마라

AI 시대의 핵심은 '인재'다. 수많은 전문가, 수많은 보고서는 AI 인재 부족을 가장 시급하게 해결해야 할 문제로 꼽았다. 국내 한 대기업 임원은 "카이스트 박사급 인재는 구경도 못 한다"고 하소연했다. "A 기업이 그 박사급 인재를 거액의 연봉에 모셔가려고 하면, 다음날 B 기업이 1.5배를 불러 데려간다"며 인재 확보가 치열한 정보 전쟁으로 치닫고 있음을 토로했다. 이는 그나마도 양반 격이다.

글로벌 기업은 학업 중 인재를 유리한 조건에 먼저 '찜'을 해놓는 게 다반사라고 한다. AI 인재 수요는 넘쳐나지만, 공급은 턱없이 부족하다. 게다가 인재 부족의 시급성 역시 '골든타임'을 중요한 요소로 꼽았다. '패스트트랙'은 국회에서 때로 이용되는 방식이지만, 이를 AI 인재 양성에 도입해야 한다는 목소리가 높다.

보상을 통해 AI 인재 유출을 막아라

AI 경쟁력의 가장 기본적인 원천인 인재는 세계 모든 국가에서 부족한 실정이다. 세계 AI 인재 수요는 100만 명이지만, 공급은 30만 명에 불과한 실정으로 공급이 30%에 불과하다. 10명 중 3명만 공급되고 있는 것이다. 그러다 보니 한국의 AI 인재는 2018년부터 2022년까지 1만 명에 육박한 9,986명이 부족하다는 보고다.

표 11 AI 인재난

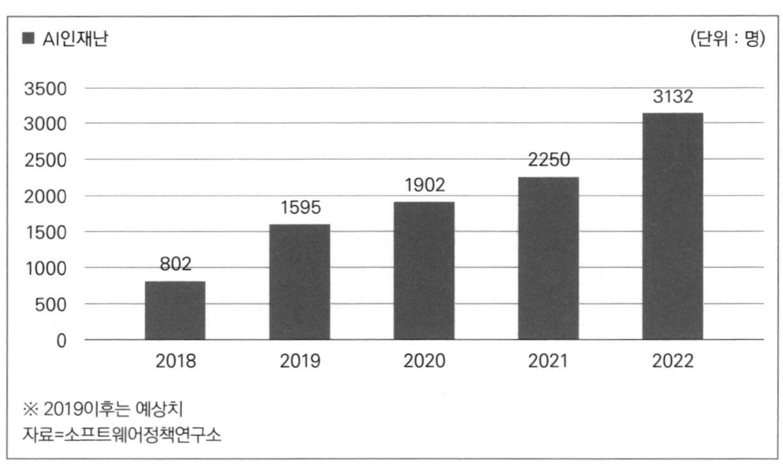

이런 상황에서 우리나라는 AI 핵심인력을 지켜내지 못하고 있다. 비록 연구개발 투자 규모가 세계 최상위권을 기록하고는 있지만, 국내 이공계 인재의 해외 인재유출이 지속해서 발생하면서, 4차 산업형 인재유출이 시작된 지 오래다. 한국의 두뇌유출지수는 2018년 4.00점을 기록해 63개국 중 43위를 기록했다. 두뇌유출지수는 핵심인력 유출 정도를 측정하는 지수로, 10점 만점으로 점수가 낮을수록 인재가 국내로 돌아오지 않는다는 것을 의미한다. 데이터와 AI 분야에서 경쟁을 이루는 국가와 대조적이다. 2018년 미국은 기준 6위(6.83), 독일 9위(6.57), 홍콩 11위(6.35), 싱가포르 12위(6.18), 일본 27위(5.20)를 기록했다. 우리나라보다 핵심인력 유출이 적은 편이다.

다시 말해 현 시점에서 우리나라는 AI 인재 유출국이다. 한국은 AI 인력 유입보다 유출이 많은 국가에 속하며, 전체 AI 박사학위 취득자의 약 20%가 미국이나 캐나다, 독일 등에서 연구를 진행하고 있다.[71] 이는 연봉과도 직결된 문제다. AI 대학원의 교수들은 상대적으로 뒤처진 연구 환경은 물론이고, 1억 원이 채 안 되는 대우를 받는 것으로 알려졌다. 이에 대해 위기의식을 느낀 정부는 국내 연봉 수준으로는 AI 대학원 교수조차 충원할 수 없는 상황을 고려해 지난해부터 교수들이 기업에서 일할 수 있도록 겸직을 허용하기로 했다.

AI 핵심인재 공급 늘려 선도군으로 도약하라

삼성전자는 미국 실리콘밸리 삼성리서치아메리카에 '인재 영입 전담팀'을 가동하고 있다. LG는 매년 미국 샌프란시스코에서 'LG테크콘퍼런스'를 열고 있다. 앞에 언급한 것의 공통점은 AI 인재다. 기업들은 AI에 사활을 걸며 인재 확보에 나서고 있다. AI 인재 확보에 비상이 걸린 정부는 2019년 3월 카이스트와 고려대, 성균관대를 AI 대학원으로 선정해 지원에 나섰다. 2019년 이들 대학원에 입학한 석박사는 카이스트 석박사 과정 60명, 고려대 석박사 통합 과정 50명, 성균관대 석박사 60명으로 총 170명이다. 그러나 국가별 최고 AI 인력수는 405명 수준으로 턱없이 부족한 실정이다. 한국경제연구원이 AI 관련 전문가 30명을 대상으로 설문 조사한 결과, 한국의 AI 인재 경쟁력은 미국의 절반 수준에 불과했다.

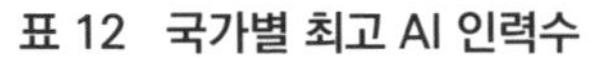

표 12 국가별 최고 AI 인력수

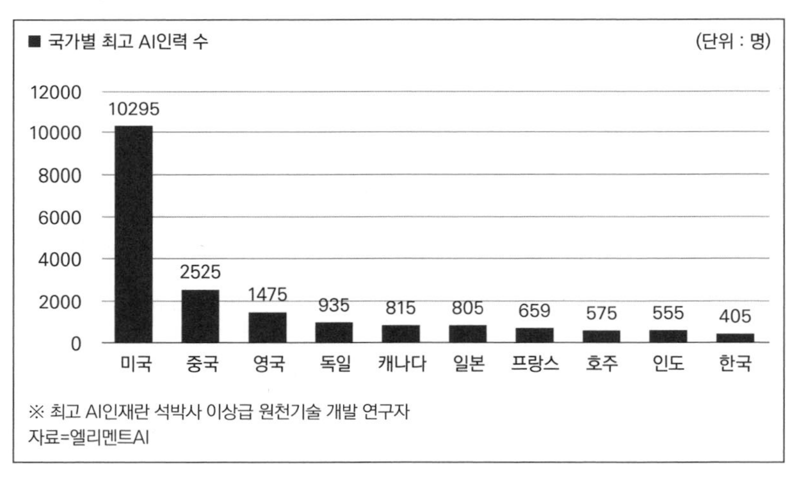

AI 핵심인재 수준은 국가별로 큰 차이를 보인다. AI 선도국은 미국과 스위스, 중국, 영국 등으로 이들 국가는 핵심인재의 역량이 높아 기술을 선도하고 있다.

표 13 국가별 AI 핵심인재 수준

	내용	국가
선도군	핵심인재 역량이 높아 기술을 선도	미국, 스위스, 중국, 영국 등
선도 추격군	선도군을 추격	오스트리아, 스페인 등
도약 준비군	선도 추격군으로 도약을 준비 중	벨기에, 한국 등
후발군	핵심인재 수준이 상대적으로 취약	인도네시아, 칠레 등

반면 한국은 벨기에 등과 함께 도약 준비군에 속해 있다. 오스트리아, 스페인 등이 포함된 선도 추격군으로 도약을 준비 중인 국가로 분류된 것이다. AI 핵심 역량을 지닌 인재는 미국에 집중돼 있다. 한국의 AI 두뇌지수도 주요국 대비 상대적으로 낮아 인재양성에 정책역량을 집중할 필요가 있다. AI 두뇌지수는 25개국 중 19위(50.59)로 평균 54.92보다 낮으며 세계 AI 두뇌지수 500에서 한국이 차지하는 비중은 1.4%다.

표 14 국가별 인공지능 두뇌지수 분포(국가별 상위 100명)

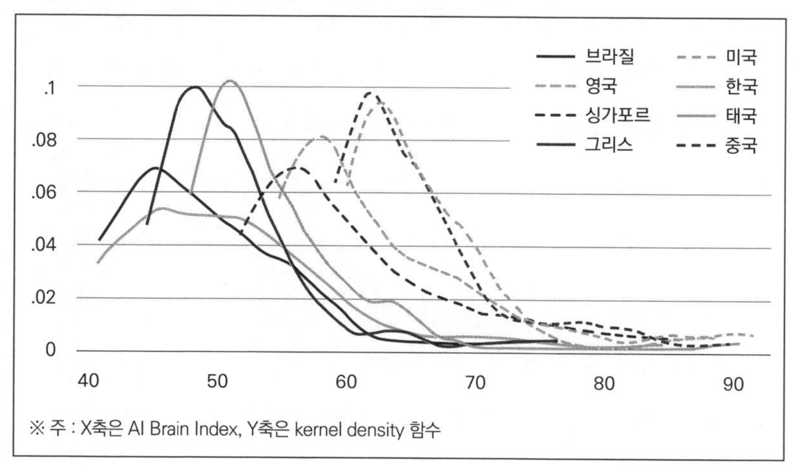

※ 주 : X축은 AI Brain Index, Y축은 kernel density 함수

전 세계는 핵심인재 양성에 총력을 기울이고 있다. 미국 매사추세츠 공과대학(MIT)은 2019년 9월부터 전교생에게 AI를 교육한다. MIT는 AI 교육과 관련해 새로운 역사를 만들었다. MIT 슈워츠먼 컴퓨팅 칼리지가 2019년 세워져 2020년 본격 가동됐다. 단과대학이 설립된 것은 1950년 이후 69년 만이다. MIT 라파엘 리프 총장은 "앞으로 AI가 모든 학문을 연구하기 위한 일종의 언어와 도구가 될 것"이라며 AI 교육의 중요성을 알렸다. MIT는 앞으로 이 대학에 10억 달러를 투입할 계획이다.

핵심인재 육성 '골든타임'을 놓치지 마라

하루 24시간 학습하는 AI 특성상 AI 기술 발전은 급속도로 이뤄지고 있으며, 전문가들은 AI 이후를 바라보며 골든타임 내에 인재 확보를 하는 것이 가장 중요하다고 입을 모았다. 온몸에 피를 공급하는 심장은 1분만 멈춰도 신체 기능이 급속히 떨어진다. 몸이 버티는 골든타임은 4분 정도라고 알려져 있다. 심장이 10분 멈추면 심각한 뇌 손상이 온다. 이 때문에 심장마비 뒤 4분을 '골든타임'이라고 부른다.

AI 핵심 인재가 사회에 진출할 시기에는 AI와는 다른 또 다른 기술이 두각을 나타낼 수 있어 핵심인재 육성에도 '골든타임'을 놓쳐선 안 된다. 정부는 2018년 AI 관련 정책에서 AI 대학원 설립 등 인재를 확보하겠다고 나섰지만, 문제는 급변하는 시기에 맞춰 활용할 수 있는 인재가 부족하다는 데 있다. 현실적으로 대학원 설립 뒤 인재가 사회에 나오는 시기는 적어도 3~4년이 지나야 하기 때문이다. 급성장하는 AI시장에서 인재양성의 골든타임을 놓칠 경우 국가경쟁력까지 상실할 우려가 크다.

코로나19 시기에 AI 기술을 이용한 전염병 발견부터 치료제 개발까지 여러 단계에서 AI 기술이 활용됐다. 우리나라도 AI 기술을 접목해 'K 방역'이라는 시스템으로 코로나19 위기를 극복해나가고 있다. 코로나19 사태를 보더라도 AI 인력을 통해 언제 어디서 터질지 모르는 국가적 위험사태에 대비해야 하는 필요성이 제기되고 있다.

AI 핵심인재의 경우 석·박사급 인재를 원하고 있지만, 현재의 석·박사 시스템으로는 AI 핵심인재의 대량 공급은 쉽지 않다고 볼 수 있다. 가장 현실적인 대안은 AI 고등학교 설립이나 짧은 AI 과목 석·박사 통합과정을 운영하여 AI 인재를 양성하는 것이다. 장기적으로는 AI 과목을 중학교, 초등학교 과정에서부터 가르치는 방법이 있다.

미국 초·중등 AI 교육을 위해 설립된 'AI4K12 이니셔티브'는 2019년 4월 발표한 초·중등 AI 교육 가이드라인(5 Big Ideas)을 구체화하여 2020년 5월에 공개했다.[72] AI4K12 이니셔티브는 초·중등 AI 교육 가이드라인을 개발하고, AI 교재 개발, AI 교육자 커뮤니티 육성 등을 목표로 미국컴퓨터교사협회(CSTA), 인공지능학회(AAAI) 등이 공동 설립했다. 이들이 제안한 5 Big Ideas는 AI를 이해하기 위해 필요한 5대 학습 분야를 정의하고 각 수준에 따른 교육 목표와 내용을 제시하고 있다.

표 15 AI4K12 이니셔티브의 5 Big Ideas 개념 및 교육 목표[73]

주제	1. 인식	2. 표현추론	3. 학습	4. 상호작용	5. 사회적 영향
개념	AI는 센서를 사용하여 세상을 인식	AI는 세상을 표현하고 구조화해 추론에 사용	AI는 데이터를 통해 학습	AI와 인간의 상호작용에 많은 지식이 필요	AI는 긍정·부정적 효과를 동시에 야기
교육 목표	- 인간 감각과 센서의 차이 이해 - 컴퓨터 인식의 작동 방식과 한계 이해 - 시각, 음성 등 인식 유형 파악	- 표현의 유형 파악 - 추론 알고리즘 유형 및 작동원리 이해 - 추론 알고리즘의 한계 이해	- 학습 알고리즘 유형 - 인공신경망 기초 개념 이해 - 데이터가 학습에 미치는 영향 이해 - 기계학습의 한계	- 자연어의 이해 - 감성 컴퓨팅 이해 - 상식 추론 이해 - 인간-로봇의 자연스러운 상호작용	- AI의 산업, 정부 등 영향력 이해 - AI의 윤리적 딜레마 및 윤리 표준 마련 - AI에 의한 일자리, 업무변화 이해

특히 5대 학습 분야 중 인식(Perception)은 △센싱 △처리 △도메인 지식에 대한 학습 콘텐츠를 상세히 기술하고 있다. 센싱은 사람과 컴퓨터가 사물을 인지하는 방식의 차이에 대한 것으로 인간은 세상을 시각, 청각, 촉각, 미각, 후각으로 인지하는 반면 컴퓨터는 카메라로 세상을 '보고', 마이크로폰으로 '들을' 수 있음을 이해하는 것이다.

처리는 컴퓨터가 어떤 방식으로 사물의 특징을 구분하고 이해하는지를 교육하는 것으로 가령, 얼굴의 특징을 추출해보고, 얼굴 인식이 어떻게 작동하는지 설명하도록 유도한다. 도메인 지식은 편향성 등 AI 인식의 한계를 극복하기 위해 다양한 분야의 지식을 교육하는 것으로 사회문화와 인간에 대한 지식이 부족할 경우, 얼굴 인식 시스템 등이 편향성을 가질 수 있음을 이해시킨다.

이처럼 우리나라 역시 보편적 AI 교육을 위한 초·중등단계의 기초 연구와 교육과정 개발이 필요하다. 우리 정부는 2019년 12월 'AI국가 전략', 2020년 5월 '정보교육종합계획' 등 초·중등 AI 보편교육 강화 및 표준 교육과정 개발을 추진하고 있는데, 미국 AI4K12 이니셔티브의 5 Big Ideas가 우리나라 초·중등 대상의 체계적인 AI 교육을 마련하기 위한 좋은 참고자료가 될 것으로 기대된다.[74]

참고문헌

머리말

1. 양희태, 최병삼, 이제영, 장훈, 백서인, & 김단비, (2018), 인공지능 기술 전망과 혁신 정책 방향 - 국가 인공지능 R&D 정책 개선방안을 중심으로.
2. Brookings Institution, (2020b), "Whoever leads in artificial intelligence in 2030 will rule the world until 2100"

Chapter 1

3. 매일경제, (2020b), "일상생활 속의 AI노믹스 ⑥ 은행 | 창구 은행원 대체하는 인공지능 뱅커들"
4. 소프트웨어정책연구소, (2020a), 인공지능 최신 동향과 시사점 AI-010호.
5. 데이터넷, (2019), "인간·기계 파트너십, 미래 일상생활마저 변화시킨다"

Chapter 2

6. 와우테일, (2020), "배달의민족, AI가 최적의 배달 동선 추천"
7. 정보통신산업진흥원, (2020), AI 기술동향과 오픈소스.
8. Forbes, (2018), "Smart Speakers Are Eating Mobile: 66% Of Owners Use Smartphones Less, Accenture Says"
9. 시사프라임, (2019), "카카오i, 통번역 서비스 확대…네이버 파파고와 경쟁구도 가나"

Chapter 3

10. 정보통신기술진흥센터, (2018a), 국내외 AI활용 현황과 공공 적용.
11. 아주경제, (2020), "美 정부 기관 45%가 AI 도입…"국민 삶 영향력 큰 분야 도입 신중해야"
12. 한국과학기술기획평가원, (2018), 과학기술&ICT 정책 기술 동향 132호.
13. 중앙일보, (2017), "미국 프레드폴, 예비 범죄자 잡아내 … 1년 새 강도 27% 줄어"
14. 한국전자통신연구원, (2020), [ETRI 보도자료] ETRI, AI와 CCTV로 범죄 예측해 사회안전 책임진다.
15. 해양수산부, (2020), 인공지능으로 더 빠르고 정확하게 점박이물범 식별 가능해져.
16. 이데일리, (2019), "[안녕? AI] ① '코끼리 울음소리다'…AI가 멸종위기 동물 보호에 앞장선다"
17. AI타임스, (2020b), "MS, AI 기술로 멸종위기 동물 보호 연구"
18. AI타임스, (2019), "AI 기술과 중고 휴대폰으로 만들어진 산림감시시스템, 인도네시아 불법 벌목 막는다"
19. 한국정보화진흥원, (2020), 「AI·데이터가 만드는 도시 데이터 기반 스마트도시」- 해외사례를 중심으로.
20. 서울연구원, (2017), '교통사고 최소화' 도로설계에 빅데이터·AI 활용 (미국 뉴욕市).
21. 인공지능신문, (2019), "서울 대중 교통, AI와 5G로 더욱 안전하고 빨라진다"
22. 매일경제, (2020d), "AI 투입…초등 1·2학년부터 '수포자' 막는다"

23. 조선일보, (2019a), "AI가 사람을 가르친다"…'에듀테크' 시장 급성장.

24. 조선일보, (2019b), [도시 바꾸는 中 혁신 현장]② "평등·맞춤 교육 이끌 'AI 가정교사'"

Chapter 4

25. 인공지능신문, (2020), "AI 대중화 시대, 원격 교육 세대 위한 행보... 마이크로소프트, 이머시브 리더 공식 출시"

26. 경향신문, (2020), "진화하는 신종감염병, AI로 예측·대응 가능해져"

27. 경향신문, (2020), "진화하는 신종감염병, AI로 예측·대응 가능해져"

28. 한국보건산업진흥원, (2020), 보건산업브리프 - 코로나19대응을 위한 국내외 치료제 및 백신 개발 현황과 과제 (Vol. 302).

29. 해양수산부, (2020), 인공지능으로 더 빠르고 정확하게 점박이물범 식별 가능해져.

30. 매일경제, (2020a), 아론티어 "AI 신약개발 플랫폼 활용해 퓨쳐메디신과 면역항암제 개발 나선다"

31. 아시아경제, (2020a), "신테카바이오, 코로나19 치료물질 6주 만에 찾아…AI 신약개발 가치 입증"

32. 뉴데일리경제, (2019), [신년기획-AI활용 신약개발②] "AI활용 해외는 앞서가는데 국내는 걸음마"

Chapter 5

33. 한국연구재단, (2019), NRF R&D Brief 2019-05호 미국 AI 이니셔티브 및 18개국 전략 소개.

34. 열린뉴스통신, (2019), "중국, AI 특허 출원 세계 1위 차지해"

35. 서울경제, (2020), "中 5,900조 투자하는데…AI 특허 '탑 30'에 한국기업 2곳뿐"

36. 연합뉴스, (2019), "中, AI연구 美 추월?…정상급 논문 점유율마저 29% vs 26%"

37. 한국정보화진흥원, (2019b), D.N.A 플러스 2019-6 영국의 공공분야 AI 활용 가이드 주요 내용.

38. 전자신문, (2020a), "영국, AI 스타트업 양성 최적의 환경"

39. 한국정보화진흥원, (2019a), 2019 NIA AI 인덱스.

40. 조선일보, (2019d), "'유럽의 AI 수도' 영국에 가다...親기업 정책으로 '세계 3대 유니콘' 성장"

41. 조선비즈, (2018), 구글, '모두를 위한 AI' 드라이브 시동…"인류 직면 문제 해결 도움"

42. 전자신문, (2018), "구글, 모두에게 유익한 AI 추구"

43. 매일경제, (2020), "구글은 왜 돈 안 되는 AI 연구들을 지원할까"

44. IP노믹스, (2017), "아마존, '알렉사 탑재' 드론 특허 등록"

45. 시사인, (2019), 고객님, '주문하실' 물건 도착했습니다.

46. 조선일보, (2019c), "물류·배송, 단순 반복 업무는 로봇이 맡는다" 아마존, 직원 10만명에 'AI 시대 직무 재교육'

47. 매일경제, (2017), “중국의 구글 ‘바이두의 야심…”ABC로 4차 산업혁명 이끌 것”

48. 아이뉴스, (2018), “바이두, 클라우드 컴퓨팅용 AI칩 공개”

49. AI타임스, (2020a), “바이두, 중국 AI 클라우드 시장 1위”

50. 인터비즈, (2018), 인종차별 물의 빚은 채팅봇의 실패와 재도전..그 뒤에 있는 것은?

51. 에너지경제, (2020), [코로나19] “의료 현장에 최적화…마이크로소프트, ‘AI 기반 챗봇’ 선봬”

52. 뉴시스, (2019), “삼성이 말하는 일상 속 초연결사회…인공지능이 핵심”

53. 한국경제, (2020), 삼성전자 “위기를 이길 힘은 혁신뿐”…AI·로봇·반도체 ‘초격차’ 전략

Chapter 7

54. Forbes, (2020a), “Consumer Reports Unmasks Tesla’s Full Self-Driving Mystique, Here’s The Upshot.”

55. 소프트웨어정책연구소, (2020h), 인공지능 최신 동향과 시사점 AIB-022호.

56. Heather Roff, (2020), “AI Deception: When Your Artificial Intelligence Learns to Lie. IEEE Spectrum”

57. 소프트웨어정책연구소, (2020c), 인공지능 최신 동향과 시사점 AI-009호.

58. 소프트웨어정책연구소. (2020e). 인공지능 최신 동향과 시사점 AIB-017호.

59. 소프트웨어정책연구소, (2019c), 인공지능 최신 동향과 시사점 AI-004호.

60. Forbes, (2020b), "Facial Recognition Bans: What Do They Mean For AI (Artificial Intelligence)?"

61. CNN, (2019), "Facial-recognition technology flagged 26 California lawmakers as criminals. This bill to ban the tech is headed to the Senate"

62. Fortune, (2020), "What is Clearview AI and why is it raising so many privacy red flags?"

63. Wall Street Journal, (2019), "Facial-Recognition Technology Is a Big Threat"

64. 소프트웨어정책연구소, (2019a), 인공지능 최신 동향과 시사점 AI-001호.

65. 한국정보화진흥원, (2019e), 예측치안분야 편향(Bias) 해소 방안 - OECD 신뢰가능 AI 권고안의 적용.

66. 한국정보화진흥원, (2019e), 예측치안분야 편향(Bias) 해소 방안 - OECD 신뢰가능 AI 권고안의 적용.

67. 한국정보화진흥원, (2019e), 예측치안분야 편향(Bias) 해소 방안 - OECD 신뢰가능 AI 권고안의 적용.

68. 소프트웨어정책연구소, (2019b), 인공지능 최신 동향과 시사점 AI-002호.

Chapter 8

69. 소프트웨어정책연구소. (2020e). 인공지능 최신 동향과 시사점 AIB-017호.

70. 과학기술정보통신부, (2019a), '2019년 정보화통계조사'와 '최근 5년간의 정보화통계조사 분석' 결과.

71. Element AI, (2019), Global AI Talent Report 2019.

72. 소프트웨어정책연구소. (2020e). 인공지능 최신 동향과 시사점 AIB-017호.

73. 소프트웨어정책연구소. (2020e). 인공지능 최신 동향과 시사점 AIB-017호.

74. 소프트웨어정책연구소. (2020e). 인공지능 최신 동향과 시사점 AIB-017호.

비욘드 사피엔스

초판 1쇄 발행 2020년 11월 23일

지은이 김수형, AI 강국 보고서 팀
펴낸이 서정희 **펴낸곳** 매경출판㈜
책임편집 현유민
마케팅 신영병 이진희 김예인

매경출판㈜
등 록 2003년 4월 24일(No. 2-3759)
주 소 (04557) 서울시 중구 충무로 2 (필동1가) 매일경제 별관 2층 매경출판㈜
홈페이지 www.mkbook.co.kr
전 화 02)2000-2610(기획편집) 02)2000-2636(마케팅) 02)2000-2606(구입 문의)
팩 스 02)2000-2609 **이메일** publish@mk.co.kr
인쇄·제본 ㈜M-print 031)8071-0961

ISBN 979-11-6484-201-8 (03320)

책값은 뒤표지에 있습니다.
파본은 구입하신 서점에서 교환해 드립니다.

이 도서의 국립중앙도서관 출판예정도서목록(CIP)은 서지정보유통지원시스템 홈페이지(http://seoji.nl.go.kr)와
국가자료종합목록 구축시스템(http://kolis-net.nl.go.kr)에서 이용하실 수 있습니다.
(CIP제어번호 : CIP2020048389)